Pasta & Co

en 80 recettes **testées**

&

10 TECHNIQUES ILLUSTRÉES EN **PAS À PAS**

LEÇONS DE CUISINE

Pasta & Co

en 80 recettes testées

10 TECHNIQUES ILLUSTRÉES EN PAS À PAS

FIRST
Editions

Sommaire

Pas à pas

500 g
PÂTE

10 min
PRÉPARATION

1 à 2 h
REPOS

La pâte à pasta

Ingrédients

400 g de farine
4 œufs entiers
un peu d'eau (facultatif)

Ustensile

1 grand saladier
1 fourchette
1 torchon

Dans un grand saladier, versez la farine, creusez un puits au centre et cassez-y les œufs.

Avec une fourchette, mélangez délicatement les œufs et la farine.

Travaillez la pâte à la main jusqu'à ce qu'elle soit souple et homogène. Si besoin, ajoutez un peu d'eau.

Couvrez la pâte et laissez reposer 1 à 2 heures à température ambiante.

500 g
PÂTE

10 min
PRÉPARATION

La pâte à pasta **sans œufs**

Ingrédients

250 g de farine
125 g de semoule fine de blé
10 à 15 cl d'eau tiède
1 pincée de sel

Ustensiles

1 saladier

1

Dans un saladier, mélangez la farine avec la semoule de blé.

2

Versez le mélange sur un plan de travail et creusez un puits au centre. Versez-y l'eau en petite quantité tout en ramenant le mélange farine-semoule de l'extérieur vers le centre.

3

Travaillez la préparation à la main afin d'obtenir une pâte souple et homogène.

4

Formez une boule. La pâte est prête pour le façonnage.

500 g
PÂTE

10 min
PRÉPARATION

Façonner des lasagnes ou des **canelonnis avec un laminoir**

Ingrédients

500 g de pâte à pasta
10 g de farine

Ustensiles

1 laminoir
1 couteau

1

Divisez la pâte en 4 pâtons équivalent, écrasez-les légèrement avec la paume de la main, farinez-les. Farinez le laminoir.

2

Passez une première fois le pâton dans le laminoir réglé en position O en tournant la manivelle d'une main, et en récupérant la pâte de l'autre.

3

Repliez la pâte sur elle-même. Répétez l'opération deux ou trois fois en position O afin d'avoir une pâte bien régulière. Continuez en abaissant les rouleaux du laminoir d'un point à chaque passage jusqu'au chiffre 5.

4

La pâte doit être très fine, et homogène. A l'aide d'un couteau, découpez des carrés de pâte de la taille de votre plat pour les lasagnes ou des rectangles de 12 cm de long par 10 cm de large pour les cannellonis.

500 g
PÂTE

10 min
PRÉPARATION

10 min
REPOS

Façonner des tagliatelles **sans laminoir**

Ingrédients

500 g de pâte à pasta
10 g de farine

Ustensiles

1 rouleau à pâtisserie
1 couteau

1

Sur un plan de travail fariné, divisez la pâte en 2 pâtons équivalents. A l'aide d'un rouleau à pâtisserie, abaissez la pâte le plus finement possible.

2

Farinez légèrement et découpez les bords de manière à obtenir de grands rectangles de pâte. Laissez sécher à l'air libre une dizaine de minutes.

3

Replier la pâte plusieurs fois sur elle-même dans le sens de la longueur.

4

A l'aide d'un couteau détaillez les tagliatelles d'environ 1 cm de largeur.

5

Déroulez soigneusement les pâtes, et laissez-les sécher environ 30 minutes à l'air libre.

4
PERSONNES
25 min
PRÉPARATION
30 min
CUISSON

La pâte à gnocchis

Ingrédients

800 g de pomme de terre
300 g de farine
1 œuf entier
1 c. à café rase de sel

Ustensiles

1 grand faitout
1 économe
1 presse-purée
1 couteau
1 fourchette

1

Préchauffez le four à 200 °C. Plongez les pommes de terre dans un grand volume d'eau bouillante pendant 15 minutes. Poursuivez la cuisson 15 minutes au four afin de retirer l'excédent d'eau. Epluchez les pommes de terre, écrasez-les finement avec une fourchette ou un presse-purée.

2

Sur un plan de travail, creusez un puits dans la farine, versez-y la purée de pommes de terre, l'œuf entier et le sel.

3

Mélangez les ingrédients avec une fourchette.

Travaillez la pâte à la main pour former une boule homogène. Ajoutez de la farine si la pâte est trop collante.

Farinez le plan de travail et divisez la pâte en 4 pâtons. Roulez avec les mains chaque pâton afin d'obtenir des boudins de 2 cm de diamètre.

Détaillez-les ensuite en morceaux de 2 cm de longueur.

Roulez les gnocchis sur le dos d'une fourchette afin de les strier. Cuire dans un grand volume d'eau bouillante, puis égouttez-les dès qu'ils remontent à la surface.

500 g
PÂTE

15 min
PRÉPARATION

30 min
SÉCHAGE

Façonner des **farfalles**

Ingrédients

500 g de pâte à pasta

Ustensiles

1 rouleau à pâtisserie
ou 1 laminoir
1 couteau
1 roulette cannelée

Abaissez la pâte au rouleau à pâtisserie ou au laminoir.

Détaillez des rectangles de 3 cm de large par 4 cm de long à l'aide d'une roulette cannelée.

Pincer le centre de chaque rectangle dans le sens de la longueur afin de lui donner une forme de papillon.

Laisser sécher environ 30 minutes à l'air libre.

4
PERSONNES

10 min
PRÉPARATION

1 à 2 h
REPOS

La pâte **aromatisée colorée**

Ingrédients

400 g de farine
3 œufs entiers
un peu d'eau (facultatif)
Pâtes roses : 100 g de betterave cuite et mixée
Pâtes vertes : 200 g d'épinard cuits et mixés
Pâtes rouges : 2 c. à s. de concentré de tomate
Pâtes noires : 1 sachet d'encre de sèche

Ustensiles

1 grand saladier
1 fourchette
1 torchon

1

Mélangez l'ingrédient de votre choix avec les œufs.

2

Dans un grand saladier versez la farine, creusez un puits au centre et versez-y le mélange œufs-arômes.

3

Avec une fourchette, mélangez délicatement les œufs et la farine.

4

Travaillez ensuite la pâte à la main jusqu'à ce qu'elle soit souple et homogène. Si besoin, ajoutez un peu d'eau.

5

Couvrez la pâte et laissez reposer 1 à 2 heures à température ambiante.

4-5
PERSONNES
15 min
PRÉPARATION
45 min
SÉCHAGE

Façonner des spaghettis **avec un laminoir**

Ingrédients

500 g de pâte à pasta

Ustensiles

1 laminoir
1 torchon

1

Abaissez la pâte au laminoir, pas trop fine. Glissez-la dans l'interstice du rouleau de découpe à spaghettis.

2

Tournez délicatement la manivelle d'une main.

3

Récupérez les spaghettis avec l'autre main afin de les détacher et d'éviter que les pâtes se cassent.

4

Laissez sécher les spaghettis sur un torchon à l'air libre.

4-5
PERSONNES

20 min
PRÉPARATION

Façonner des **tortellinis**

Ingrédients

350 g de pâte à pasta
150 g de la farce de votre choix

Ustensiles

1 rouleau à pâtisserie ou 1 laminoir
1 emporte pièce de 6 cm de diamètre
1 cuillère à café
1 pinceau

1

Abaissez la pâte au rouleau à pâtisserie ou au laminoir. Découpez à l'aide d'un emporte-pièce des cercles de 6 cm de diamètre.

2

Garnissez le centre de chaque cercle d'une cuillère à café de farce.

3

A l'aide un pinceau, humidifiez les bords avec un peu d'eau.

4

Repliez les cercles de pâte en 2, en appuyant bien sur les bords avec le doigt pour souder les 2 parties.

5

Repliez les 2 extrémités préalablement humidifiées et pressez bien pour les souder.

4-5
PERSONNES

10 min
PRÉPARATION

Façonner des **ravioles avec un moule**

Ingrédients

350 g de pâte à pasta
150 g de la farce de votre choix
10 g de farine

Ustensiles

1 grand rouleau à pâtisserie ou
1 laminoir
1 moule à raviole
1 petit rouleau à pâtisserie
1 cuillère à café

Abaissez la pâte au rouleau à pâtisserie ou au laminoir.

Découpez 2 rectangles légèrement plus grands que le moule à ravioles. Farinez le moule et déposez un premier rectangle de pâte, en le faisant adhérer aux parois.

Remplissez chaque empreinte d'une cuillère à café de farce.

4

Recouvrez avec le second rectangle de pâte.

5

Passez délicatement le petit rouleau à pâtisserie sur toute la longueur du moule, en commençant par le centre, jusqu'à ce que les bords soient bien soudés.

6

Retournez le moule.

Entrées

6
PERSONNES

Bon marché
COÛT

Facile
À RÉALISER

20 min
PRÉPARATION

15 min
CUISSON

Salade italienne au pesto

Ustensiles

1 mixeur
1 grande casserole

Ingrédients

500 g de pâtes courtes
2 tomates fraîches
2 petites boules de mozzarella (environ 300 g)
12 quartiers de tomates confites à l'huile
75 g d'olives noires
belles feuilles de basilic

Pour la sauce au pesto

2 c. à s. de pignons de pin
4 belles branches de basilic
1 gousse d'ail
3 c. à s. d'huile d'olive
sel, poivre du moulin

1. Faites cuire les pâtes al dente dans une casserole d'eau bouillante salée. Égouttez-les. Lavez et coupez les tomates fraîches et coupez-les en quartiers. Coupez la mozzarella en dés moyens.

2. Préparez la sauce au pesto en mixant les feuilles de basilic, les pignons, l'ail épluché et écrasé, et l'huile d'olive. Salez et poivrez.

3. Dans un grand saladier, mélangez les pâtes, les quartiers de tomates confites et de tomates fraîches, la mozzarella et les olives, puis assaisonnez de sauce et parsemez de basilic grossièrement ciselé.

4. Servez tiède ou froid en revérifiant l'assaisonnement.

VARIANTES Ajoutez des dés de jambon cru, ou une boîte de thon émietté et des pignons.

ASTUCE Pour que la salade de pâtes s'imprègne mieux des saveurs de la sauce, assaisonnez les pâtes encore chaudes.

4
PERSONNES

Bon marché
COÛT

Facile
À RÉALISER

15 min
PRÉPARATION

10 min
CUISSON

Salade de fusillis
aux crevettes et aux câpres

Ustensiles

1 casserole
1 saladier
1 bol

Ingrédients

400 g de fusillis (pâtes en forme de spirale)
400 g de crevettes roses cuites
200 g de champignons de Paris
250 g de tomates cerises
1 citron
6 cuil. à soupe d'huile d'olive
2 cuil. à soupe de câpres
1 bouquet de ciboulette
sel, poivre

1. Faites bouillir 4 litres d'eau, ajoutez une cuillerée à soupe de sel puis jetez les pâtes. Mélangez jusqu'à la reprise de l'ébullition et laissez cuire pendant 9 minutes. Égouttez-les, mettez-les dans un saladier et arrosez-les de deux cuillerées à soupe d'huile d'olive. Mélangez et laissez refroidir.

2. Lavez, essuyez et émincez les champignons, coupez les tomates cerises en deux, décortiquez les crevettes. Ciselez la ciboulette.

3. Pressez le citron, versez le jus dans un bol, ajoutez le reste d'huile, du sel, du poivre et les câpres.

4. Déposez les crevettes, les champignons et les tomates sur les pâtes, arrosez de sauce et mélangez. Parsemez de feuilles de ciboulette ciselée.

VARIANTES Remplacez les crevettes par des dés de saumon fumé ou encore des cubes de saumon frais poché et remplacez alors la ciboulette par de l'aneth.

ASTUCE Ne rincez pas les pâtes après la cuisson, mais arrosez-les immédiatement d'huile avant de les laisser refroidir pour qu'elles ne collent pas.

4
PERSONNES

Moyen
COÛT

Très facile
À RÉALISER

20 min
PRÉPARATION

11 min
CUISSON

Salade de penne, magret séché et melon

Ustensiles

1 saladier
1 casserole
1 poêle
1 mixeur plongeant

Ingrédients

250 g de penne rigate
½ magret séché prétranché
½ melon de Cavaillon
30 g de cerneaux de noix
1 barquette de tomates cerise
quelques feuilles de basilic
1 poignée de roquette
5 cl d'huile d'olive
1 cuil. à soupe de vinaigre balsamique blanc
sel - poivre

1. Faites cuire les penne dans un grand volume d'eau bouillante salée pendant une dizaine de minutes. Vérifiez la cuisson. Égouttez les pâtes et rincez-les à l'eau froide. Déposez-les dans un saladier.

2. Dans le bol d'un mixeur plongeant, versez 3 cuillerées à soupe d'huile d'olive avec le vinaigre balsamique, 5 feuilles de basilic et une pincée de sel fin. Mixez cette vinaigrette et incorporez-la aux penne. Mélangez bien, filmez et réservez le tout au réfrigérateur.

3. Faites chauffer un trait d'huile d'olive dans une poêle. Roulez les tomates cerise dans la graisse chaude pendant 1 minute. Salez et poivrez. Prélevez la chair du demi-melon et découpez-la en dés. Émincez grossièrement la roquette.

4. Mélangez délicatement les dés de melon, les cerneaux de noix et la roquette avec les penne. Décorez avec les tomates cerise confites, les tranches de magret séché et quelques feuilles de basilic.

VARIANTE Ajoutez quelques billes de mozzarella.

ASTUCE Faites cuire les pennes al dente, c'est-à-dire légèrement fermes sous la dent : cette salade sera bien meilleure.

4
PERSONNES

Bon marché
COÛT

Facile
À RÉALISER

15 min
PRÉPARATION

20 min
CUISSON

Salade de pâtes, pesto, thon et poulet grillé

Ustensiles

1 casserole
1 poêle
1 mixeur

Ingrédients

200 g de pâtes multicolores
1 boîte de thon à l'huile (idéalement de la ventrèche - dans les épiceries fines ou italiennes)
2 filets de poulet
2 cuil. à soupe d'huile végétale
24 tomates cerise et mirabelle (rouge et jaune)

Pour le pesto

25 g de parmesan
2 bottes de basilic frais
½ gousse d'ail
2 cuil. à café de pignons de pin
10 cl d'huile d'olive
sel - poivre

1. Faites cuire les pâtes selon les indications du fabricant. Nettoyez et coupez les tomates en 4. Égouttez le thon.

2. Dans une poêle avec l'huile, faites griller le poulet en comptant 5 minutes de chaque côté à feu moyen. Salez, poivrez, puis coupez-le en médaillons. Mélangez le poulet aux pâtes, aux tomates et au thon émietté.

3. Dans une poêle sans matière grasse, faites dorer les pignons de pins. Dès qu'ils commencent à colorer, retirez-les de la poêle et mettez-les dans le bol d'un mixeur. Ajoutez-y les feuilles de basilic, l'ail, le parmesan, l'huile d'olive, du sel et du poivre.

4. Actionnez votre robot jusqu'à ce que vous obteniez une purée homogène. Utilisez le pesto pour assaisonner la salade et servez aussitôt.

VARIANTE Pour une version océane, remplacez le thon et le poulet par du saumon cuit et du saumon fumé.

ASTUCE N'hésitez pas à faire griller une quantité de pignons supérieure à celle nécessaire ici : vous pourrez les utiliser pour parfumer un thé à la menthe, ou en apéritif !

4
PERSONNES

Moyen
COÛT

Facile
À RÉALISER

25 min
PRÉPARATION

10 min
CUISSON

Salade de fusillis au saumon

Ustensiles

1 casserole

1 bol

1 couteau

Ingrédients

300 g de fusilli

200 g de dés de saumon fumé

20 cl de crème de soja

1 cuil. à café rase de curry en poudre

1 grosse pincée de gingembre en poudre

50 g d'amandes effilées légèrement dorées

½ concombre

2 carottes

2 cuil. à soupe de raisins secs blonds

sel - poivre

1. Faites cuire les fusillis dans une casserole d'eau bouillante salée. Rafraîchissez-les sous l'eau fraîche.

2. Dans un bol, mélangez la crème de soja avec le curry et le gingembre en poudre, salez et poivrez.

3. Pelez les carottes et râpez-les finement. Coupez le concombre en petits dés.

4. Mélangez les pâtes avec la sauce au curry. Ajoutez les dés de saumon, les dés de concombre et les carottes râpées. Répartissez la salade dans les assiettes, décorez chacune d'un peu de raisins secs et d'amandes effilées.

VARIANTE Remplacez le concombre par de la pomme granny, pour une version acidulée !

ASTUCE Dorez les amandes à blanc, c'est-à-dire dans une poêle sans ajout de matière grasse.

4
PERSONNES

Bon marché
COÛT

Facile
À RÉALISER

30 min
PRÉPARATION

10 min
CUISSON

Salade de mini-farfalles aux saveurs « della Sicilia »

Ustensiles

1 casserole
1 poêle
1 passoire
1 saladier

Ingrédients

200 g de mini-farfalles
50 g d'olives noires
100 g d'anchois marinés
40 g de pecorino peppato
40 g de parmesan
12 tomates cerises
½ botte de basilic
¼ de botte de coriandre
1 citron
6 cl d'huile d'olive
du vinaigre de Xérès
sel - poivre

1. Commencez par faire chauffer une grande quantité d'eau salée et cuire les mini-farfalles. Après le temps de cuisson indiqué sur l'emballage, en veillant bien à les garder al dente, égouttez-les et refroidissez-les à l'eau froide.

2. Pendant ce temps, préparez les garnitures de la salade. Dénoyautez les olives et taillez-les en morceaux, concassez les anchois, ciselez le basilic et la coriandre. Taillez les fromages en petits cubes et coupez les tomates cerise en quatre.

3. Pelez le citron à vif, c'est-à-dire enlevez toute la peau extérieure. Levez au couteau les quartiers de citron sans peau et taillez-les en cubes.

4. Réunissez les pâtes et les autres ingrédients dans un saladier. Assaisonnez de sel, poivre, huile et vinaigre. Mélangez bien, refroidissez la salade au réfrigérateur avant de servir. Dressez-la sur assiette, décorez avec des sommités de coriandre et de basilic et une rondelle de citron.

VARIANTE Vous pouvez réaliser la recette en remplaçant les anchois marinés par un morceau de talon de jambon sec que vous couperez en petits dés.

ASTUCE En rafraîchissant les pâtes dans la casserole sous un filet d'eau froide, vous éviterez qu'elles ne collent.

4
PERSONNES

Élevé
COÛT

Facile
À RÉALISER

25 min
PRÉPARATION

20 min
CUISSON

Salade tiède de fusillis au crabe, petits légumes et pignons de pin

Ustensiles

2 casseroles
1 poêle
1 passoire

Ingrédients

170 g de fusillis
150 g de chair de crabe en conserve
4 pinces de crabe
2 carottes
80 g de fèves surgelées
40 g de petits pois
8 cuil. à soupe d'huile d'olive
3 cuil. à soupe de vinaigre de xérès
½ botte de coriandre
60 g de pignons de pin
sel - poivre du moulin

1. Ouvrez la conserve de crabe. Pressez-la afin d'éliminer le jus. Conservez l'extrémité des pinces de crabe en décoration et retirez la chair des parties les plus hautes des pinces. Faites sauter rapidement la chair de crabe dans une poêle avec la moitié de l'huile d'olive et assaisonnez la préparation.

2. Épluchez les carottes, taillez-les en biais et en rondelles. Portez à ébullition de l'eau salée dans une casserole et plongez-y, tour à tour, les petits pois pendant 1 minute, les fèves mondées surgelées pendant 1 minute 30, et les rondelles de carottes pendant 3 minutes.

3. Faites cuire les fusillis dans une casserole d'eau salée. Égouttez-les dans une passoire et réservez-les au chaud. Réchauffez le crabe et ajoutez le reste d'huile d'olive et le vinaigre.

4. Ajoutez les légumes croquants et remettez-les à température. Dressez les fusillis sur assiette, garnissez harmonieusement de légumes et crabe. Pour terminer, disposez un peu de coriandre émincée, quelques pignons de pin et une pince de crabe.

VARIANTE Vous pouvez remplacer la chair de crabe par un émincé de filet de poulet. Dans ce cas, ajoutez un peu de sauce soja pendant la cuisson.

ASTUCE Gardez les différents éléments de garniture au chaud ou servez-vous du micro-ondes pour maintenir vos légumes à la bonne température.

4
PERSONNES

Bon marché
COÛT

Facile
À RÉALISER

20 min
PRÉPARATION

5 min
CUISSON

Tempestine en taboulé à la menthe

Ustensiles

1 casserole
1 passoire fine
1 saladier

Ingrédients

180 g de tempestine (ou petits plombs)
2 tomates
1 concombre
1 poignée de raisins secs
½ poivron rouge
½ poivron vert
½ botte de menthe
6 cuil. à soupe d'huile d'olive
4 cuil. à soupe de vinaigre de Xérès
sel - poivre

1. Chauffez de l'eau salée dans une casserole et faites cuire les tempestine pendant le temps nécessaire. En fin de cuisson, égouttez-les et refroidissez-les dans un saladier d'eau fraîche.

2. Pendant ce temps, préparez les légumes pour la garniture du taboulé de pâtes. Épluchez le concombre, coupez-le en deux dans la longueur et grattez les pépins à l'intérieur à l'aide de la cuillère à café. Taillez les demi-concombres en lanières, puis en petits cubes. Procédez de même avec les poivrons.

3. Coupez les tomates en quartiers, épépinez-les en retirant la partie centrale. Taillez les quartiers de tomates en lanières, puis en cubes.

4. Placez dans un saladier les pâtes égouttées. Ajoutez les brunoises de légumes crus et les raisins secs. Ajoutez quelques feuilles de menthe juste ciselées. Assaisonnez la préparation en sel, poivre, huile et vinaigre. Mélangez et servez en saladier ou individuellement, décoré d'un bouquet de menthe fraîche.

VARIANTE Pour la réalisation de cette recette, vous pouvez également utiliser des stelline, de petites pâtes en forme d'étoile.

ASTUCE Mettez une bonne quantité de vinaigre dans la salade, cela lui donne du caractère. L'utilisation du vinaigre de Xérès est préconisée.

4
PERSONNES

Bon marché
COÛT

Facile
À RÉALISER

20 min
PRÉPARATION

30 min
CUISSON

Soupe de nouilles au curry jaune

Ustensiles

1 économe
1 mixeur
1 couteau
1 planche
1 poêle
2 casseroles

Ingrédients

400 g de nouilles aux œufs frais
3 feuilles de combava
½ botte de ciboulette
1 oignon nouveau
50 cl de lait de coco
2 c. à s. d'huile de coco
gros sel

Pour la pâte de curry

1 c. à s. de graines de coriandre
½ botte de coriandre
1 piment rouge - 1 cube de bouillon de volaille
3 échalotes - 2 gousses d'ail - 3 cm de gingembre
3 cm de curcuma
1 c. à s. de sucre de palme
2 c. à s. de nuoc-mâm

1. Retirez le pédoncule et les graines du piment. Épluchez l'ail, l'échalote, le gingembre et le curcuma. Dans une poêle, faites revenir les graines de coriandre pendant 5 minutes sans cesser de remuer.

2. Dans un mixeur, mettez la coriandre fraîche et les graines, le bouillon de volaille, les échalotes, l'ail, le piment, le gingembre, le curcuma, la sauce nuoc-mâm et le sucre. Actionnez votre robot et, si la pâte a du mal à prendre, ajoutez un peu de lait de coco.

3. Portez de l'eau salée à ébullition et plongez-y les nouilles 2 minutes. Égouttez-les et réservez. Dans une casserole avec l'huile de coco, faites revenir pendant 2 à 3 minutes la pâte de curry, puis ajoutez le lait de coco, les feuilles de combava et 50 cl d'eau. Portez à ébullition et laissez cuire 20 minutes.

4. Effeuillez le basilic, hachez finement la ciboulette et l'oignon nouveau. Vérifiez l'assaisonnement de la soupe, puis ajoutez les nouilles. Mélangez, coupez le feu et incorporez au dernier moment la ciboulette, l'oignon et le basilic. Servez aussitôt.

VARIANTE C'est une soupe végétarienne, mais rien ne vous empêche d'y ajouter des lamelles de poulet ou de poisson, des crevettes, des noix de Saint-Jacques…

ASTUCE On trouve de l'huile de coco dans les épiceries asiatiques mais aussi dans les épiceries bio. C'est une huile parfumée qui supporte très bien les hautes températures en cuisson et qui aurait de nombreuses vertus diététiques.

Soupe aux œufs de caille

4
PERSONNES

Bon marché
COÛT

Facile
À RÉALISER

40 min
PRÉPARATION

20 min
CUISSON

Ustensiles

1 couteau - 1 wok

Ingrédients

1 douzaine d'œufs de caille
2 cubes de bouillon de volaille
1 c. à s. de sauce soja
3 cm de gingembre haché
1 gousse d'ail hachée - 1 petit piment rouge
200 g de vermicelles de riz
1 chou pak choy émincé
150 g de haricots verts
1 oignon nouveau haché
1 botte de coriandre effeuillée
sel - poivre

1. Trempez les vermicelles dans l'eau froide. Faites cuire les œufs de caille pendant 4 minutes dans l'eau bouillante. Retirez-les, plongez-les dans l'eau froide avant de les écaler.

2. Dans votre wok, mettez les tablettes de bouillon de volaille avec la sauce soja, la gousse d'ail, le gingembre, le piment entier, le chou et les haricots verts. Couvrez d'eau et portez à ébullition. Laissez cuire à petits bouillons pendant 15 minutes. Vérifiez l'assaisonnement.

3. Dans 4 grands bols, répartissez les vermicelles. Versez par-dessus le bouillon aux légumes cuits, mettez dans chaque bol 3 œufs de caille coupés en deux, la coriandre et l'oignon nouveau haché.

Soupe au saumon mariné

4
PERSONNES

Bon marché
COÛT

Facile
À RÉALISER

30 min
PRÉPARATION

1 h
REPOS

20 min
CUISSON

Ustensiles

1 couteau - 1 wok

Ingrédients

4 petits pavés de saumon
3 cm de gingembre frais haché - 1 gousse d'ail hachée
2 c. à s. de sauce mirin (ou de vin doux) - 2 c. à s. de sauce soja - 2 c. à s. de nuoc-mâm

Pour la soupe

100 g de nouilles asiatiques au blé complet - 2 cubes de bouillon de volaille
1 carotte râpée - ½ concombre râpé - 150 g de haricots verts
1 botte de coriandre fraîche effeuillée - sel - poivre

1. Faites tremper le saumon pendant 1 heure dans la marinade composée de l'ail, du gingembre, de la sauce mirin, de la sauce soja et du nuoc-mâm.

2. Dans le wok, faites cuire les nouilles selon les indications du fabricant. Égouttez-les et essorez-les. Toujours dans le wok, portez à ébullition 1 l d'eau avec une tablette de bouillon de volaille. Laissez cuire les haricots verts 10 minutes, puis ajoutez la carotte et le concombre. Laissez à nouveau cuire 5 minutes.

3. Ajoutez dans votre soupe les pavés de saumon et laissez cuire pendant 5 à 6 minutes. Assaisonnez avec un peu de marinade, de sel et de poivre. Dans de grands bols ou de grandes assiettes, répartissez les nouilles, arrosez-les de soupe aux légumes et au saumon. Décorez avec la coriandre fraîche.

4
PERSONNES

Moyen
COÛT

Facile
À RÉALISER

15 min
PRÉPARATION

15 min
CUISSON

Soupe chinoise au cinq-épices

Ustensiles

2 bols
2 casseroles
1 poêle
4 bols de service

Ingrédients

0,75 l de bouillon de volaille
1 tranche de jambon blanc
60 g de nouilles chinoises aux œufs
10 g de champignons noirs émincés et séchés
2 œufs
20 g de beurre
quelques feuilles de coriandre
sauce soja
1 pincée de cinq-épices

1. Faites tremper les champignons noirs pendant 10 minutes dans l'eau froide et égouttez-les. Émincez-les grossièrement.

2. Fouettez 2 œufs avec quelques feuilles de coriandre hachées et un trait de sauce soja. Faites fondre le beurre dans une petite poêle. Versez les œufs et laissez cuire comme une omelette. Roulez-la et émincez-la finement.

3. Faites frémir le bouillon de volaille avec les champignons noirs et une pincée de cinq-épices. Roulez et émincez la tranche de jambon. Hachez quelques feuilles de coriandre.

4. Faites cuire pendant 5 minutes les nouilles chinoises dans une casserole d'eau bouillante, égouttez-les. Versez, à mi-hauteur, le bouillon bien chaud dans 4 bols. Ajoutez les nouilles, l'omelette et le jambon émincés, puis la coriandre hachée.

VARIANTE Agrémentez cette soupe chinoise de petits pois.

ASTUCE N'hésitez pas à presser les champignons noirs pour les égoutter soigneusement.

4
PERSONNES

Bon marché
COÛT

Facile
À RÉALISER

20 min
PRÉPARATION

40 min
CUISSON

Minestrone d'Ave Maria à la courgette

Ustensiles

1 casserole

1 râpe

Ingrédients

2 verres de pâtes « Ave Maria » (130 g)

1 courgette

350 g de tomates pelées en conserve

350 g de pommes de terre

4 cuil. à soupe d'huile d'olive

1 cube de bouillon de poule

2 oignons

¼ de botte de basilic

1 branche de céleri

3 gousses d'ail

70 g de parmesan

sel - poivre

1. Taillez finement les oignons. Coupez la courgette en fines tranches dans la longueur, avant de les détailler en bandes, puis en petits dés. Épluchez les pommes de terre, coupez-les également en petits cubes. Émincez le céleri. Concassez la tomate pelée. Épluchez, dégermez et hachez l'ail.

2. Versez dans une casserole un filet d'huile d'olive et faites revenir les oignons. Ajoutez les pommes de terre, l'ail, le céleri et les tomates. Mouillez avec 2 litres d'eau et ajoutez le bouillon de poule effrité. Assaisonnez à votre gré et laissez cuire à couvert 30 minutes.

3. Après le temps de cuisson, ajoutez les pâtes et laissez-les cuire pendant une dizaine de minutes. Pendant ce temps, ciselez le basilic et râpez le parmesan.

4. Servez la soupe dans une assiette creuse, saupoudrez de parmesan râpé et dispersez un peu de basilic fraîchement ciselé.

VARIANTE À la place des pâtes Ave Maria, vous pouvez également utiliser des *ditali lisci*.

ASTUCE Il est important de bien faire revenir tous les légumes au préalable, car c'est cette opération qui va donner du goût à votre minestrone.

4
PERSONNES

Bon marché
COÛT

Très facile
À RÉALISER

25 min
PRÉPARATION

5 min
CUISSON

30 min
REPOS

Ravioles de crevettes pamplemousse et tomates

Ustensiles

1 grande casserole - 2 bols

1 passoire - 4 assiettes

Ingrédients

250 g de pâte à raviolis

100 g de petites crevettes décortiquées

60 g de ricotta - 2 c. à c. de chapelure

1 c. à c. d'aromates pour poisson - 2 c. à c. de coriandre

2 pamplemousses - 2 tomates

6 c. à s. d'huile d'olive - 1 c. à c. de moutarde à l'ancienne

sel - poivre concassé

1. Mélangez la ricotta, la chapelure, les aromates, les crevettes et la coriandre hachée. Salez. Garnissez les ravioles de cette farce. Pelez à vif les pamplemousses, prélevez les quartiers en réservant le jus. Pelez les tomates, coupez la chair en petits dés. Disposez les pamplemousses et les tomates sur les assiettes.

2. Dans un bol, mélangez la moutarde, le jus de pamplemousse, l'huile et 1 pincée de sel. Mettez de l'eau à bouillir, salez-la, puis faites cuire les ravioles, égouttez-les dès qu'elles remontent à la surface. Au moment du service, déposez les ravioles sur les assiettes, nappez de sauce, poivrez et servez tiède ou froid.

Ravioles d'écrevisses

4
PERSONNES

Moyen
COÛT

Très facile
À RÉALISER

20 min
PRÉPARATION

5 min
CUISSON

Ustensiles

1 casserole - 2 bols - 1 passoire

Ingrédients

250 g de pâte à raviolis

100 g d'écrevisses décortiquées

60 g de ricotta - 2 c. à c. de fécule de maïs - 2 c. à c. de mélange thaï (gingembre, paprika, coriandre, cumin, piment, citron...) - 1 concombre

3 c. à c. de jus de citron - 3 c. à s. d'huile d'olive - 3 c. à s. de crème fraîche - 1 c. à c. de moutarde forte - 12 brins de ciboulette - sel

1. Hachez les écrevisses. Mélangez la ricotta, la fécule, les épices thaïes, les baies concassées et les écrevisses. Garnissez les ravioles de cette farce. Pelez le concombre, taillez-le en fines lamelles. Dans un bol, mélangez la moutarde, le jus de citron, l'huile et la crème puis salez. Disposez les lamelles de concombre sur un plat.

2. Mettez de l'eau à bouillir, salez-la, puis faites cuire les ravioles environ 5 minutes. Égouttez-les dès qu'elles remontent à la surface. Au moment du service, répartissez les ravioles sur le concombre, nappez de sauce. Ciselez la ciboulette, saupoudrez-en le plat et servez ces ravioles tièdes ou froides.

4
PERSONNES

Bon marché
COÛT

Facile
À RÉALISER

6 h
MARINADE

35 min
PRÉPARATION

10 min
CUISSON

Raviolis de porc à la coriandre

Ustensiles

1 cuit vapeur ou 1 casserole avec 1 bac perforé

1 planche

1 poêle

1 pinceau

4 assiettes

Ingrédients

20 feuilles de pâte à raviolis chinois

5 g de champignons noirs déshydratés

150 g d'échine de porc hachée

2 c. à s. de vin de riz

20 g d'oignons chinois

20 g de beurre

4 brins de coriandre

1 c. à s. de graines de sésame grillées

sauce soja

poivre noir - sel

1. Quelques heures à l'avance, mettez la viande à mariner dans le vin de riz. Réservez au réfrigérateur. Recouvrez les champignons noirs d'eau froide et réservez dans un endroit frais. Lavez la coriandre, ciselez-en la moitié. Réservez au réfrigérateur.

2. Au moment de la préparation, égouttez les champignons et hachez-les finement. Lavez les oignons et hachez-les. Faites fondre le beurre dans une poêle. Ajoutez les oignons, les champignons et la viande avec sa marinade. Faites cuire à feu vif, sans cesser de remuer, pendant 2 minutes. Ajoutez la coriandre ciselée, 1 cuillerée à soupe de sauce soja, salez et poivrez puis mélangez.

3. Déposez les feuilles de pâte à raviolis sur le plan de travail. Formez de petites boules avec la farce. Posez 1 boule par feuille. Humidifiez au pinceau le pourtour de la pâte. Ramenez les bords opposés pour former une aumônière. Pressez avec le bout des doigts pour souder. Recommencez jusqu'à épuisement des ingrédients. Déposez les aumônières dans le panier du cuit-vapeur ou dans le bac.

4. Faites cuire les raviolis à la vapeur 5 minutes. Répartissez-les sur les assiettes. Au moment de servir, arrosez-les de sauce soja et saupoudrez de graines de sésame grillées. Servez chaud.

VARIANTE Accompagnez ces raviolis d'une salade de chou chinois : lavez et taillez le chou en fines lanières, essorez-le et assaisonnez avec du vinaigre de riz, de l'huile, du sel et du poivre.

ASTUCE Vous pouvez mettre la préparation crue dans la pâte à raviolis. Dans ce cas, doublez la quantité de raviolis.

4
PERSONNES

Bon marché
COÛT

Facile
À RÉALISER

20 min
PRÉPARATION

25 min
CUISSON

1 nuit
REPOS

Croquettes de coquillettes au jambon

Ustensiles

2 casseroles
1 passoire
1 fouet
1 plat à gratin
1 friteuse

Ingrédients

200 g de coquillettes ou quadretti
150 g de jambon blanc en tranches découennées
150 g de gruyère
50 cl de lait
40 g de beurre
40 g de farine
sel - poivre du moulin
de la farine
2 œufs
de la chapelure

1. Chauffez une grande quantité d'eau salée dans une casserole et faites cuire les pâtes puis égouttez-les. Pendant ce temps, préparez la sauce Béchamel en faisant fondre le beurre dans une petite casserole, puis ajoutez la farine.

2. Faites cuire à feu moyen. Le mélange doit blanchir et mousser. Ajoutez le lait tempéré et mélangez jusqu'à la reprise de l'ébullition pour former la béchamel. Assaisonnez et ajoutez le gruyère râpé dans la sauce chaude. Mélangez pour le faire fondre.

3. Taillez le jambon en petits cubes et ajoutez-le à la béchamel. Mélangez bien les pâtes avec la sauce. Disposez-les dans un plat à gratin, laissez refroidir une nuit au réfrigérateur.

4. Le lendemain, détaillez des cubes de 3 cm de gratin froid. Façonnez-le à la main en boule. Passez successivement les boules dans la farine, l'œuf battu et la chapelure afin de les paner. Plongez ensuite les croquettes dans une friteuse à 180 °C (th. 6) pendant 5 minutes environ et servez.

VARIANTE Vous pouvez utiliser toutes les sortes de petites pâtes pour la réalisation de ces croquettes.

ASTUCE Afin d'obtenir des croquettes plus croustillantes, vous pouvez doubler la panure. Roulez les pâtes dans la farine, l'œuf et la chapelure, puis repassez-les dans l'œuf et la chapelure.

4
PERSONNES

Bon marché
COÛT

Facile
À RÉALISER

25 min
PRÉPARATION

10 min
CUISSON

Raviolis de crevettes

Ustensiles

1 cuit-vapeur ou 1 casserole avec panier perforé

1 planche - 1 poêle

1 bol - 1 pinceau

1 emporte-pièce de 8 cm de diamètre

Ingrédients

40 feuilles de pâte à raviolis chinois

100 g de petites crevettes décortiquées

40 g d'oignons chinois

20 g de beurre

1/2 c. à c. de baies de Sichuan écrasées ou de poivre noir

1 c. à c. de jus de citron

4 feuilles de laitue

sauce nuoc-mâm

purée de piment

1. Lavez et ciselez finement les oignons chinois. Mettez le beurre à fondre dans une poêle et ajoutez-y les oignons ciselés. Faites-les cuire 2 minutes sans les colorer. Hachez les crevettes. Dans un bol, mélangez les crevettes, les oignons préparés, les baies et le jus de citron. Partagez la farce en 4 parts.

2. Déposez les feuilles de raviolis sur le plan de travail. Préparez de petites boules avec chaque part de farce. Posez 1 boule par feuille. Humidifiez les bords avec un pinceau. Recouvrez d'une seconde feuille. Soudez les bords en appuyant avec les doigts. Découpez en rond à l'emporte-pièce. Recommencez jusqu'à épuisement des ingrédients. Disposez les raviolis dans le panier du cuit-vapeur ou dans le panier, sans les superposer.

3. Lavez la laitue et ciselez-la. Répartissez-la sur 4 assiettes et placez dans un endroit frais.

4. Faites cuire les raviolis à la vapeur pendant 4 minutes. Placez-les délicatement sur la laitue. Servez sans attendre, avec la sauce nuoc-mâm et la purée de piment. Informez vos convives que la purée de piment est forte !

VARIANTE Vous pouvez remplacer la laitue par des algues déshydratées : plongez-les 30 secondes dans l'eau bouillante, puis refroidissez-les à l'eau courante. Placez-les ensuite sous les raviolis avant la cuisson. Présentez les raviolis dressés sur les algues.

ASTUCE À défaut d'emporte-pièce, découpez les raviolis en contournant un verre avec un couteau.

Nage de ravioles de cabillaud

4
PERSONNES

Moyen
COÛT

Facile
À RÉALISER

20 min
PRÉPARATION

30 min
CUISSON

Ustensiles

2 casseroles
1 passoire
4 bols à potage

Ingrédients

250 g de pâte à raviolis
150 g de filet de cabillaud
60 g de ricotta
1 c. à c. de fécule de maïs
100 g de carottes
30 g de fenouil
30 g de blanc de poireaux
10 cl de vin blanc
½ c. à c. d'aromates pour poisson - sel

1. Épluchez, lavez et coupez en fines lamelles tous les légumes. Ciselez les feuilles vertes du fenouil, réservez-les. Dans une casserole, versez 25 cl d'eau, le vin blanc, les légumes préparés, les aromates, salez. Faites bouillir 15 minutes. Ajoutez le poisson, puis faites cuire 3 minutes sans ébullition. Retirez le filet et poursuivez la cuisson du bouillon. Écrasez le cabillaud, ajoutez la ricotta, la fécule, quelques pincées d'aromates et mélangez.

2. Garnissez les ravioles. Mettez de l'eau à bouillir, salez et faites cuire les raviolis. Égouttez-les dès qu'ils remontent à la surface. Répartissez les ravioles dans les bols, recouvrez-les de bouillon et de légumes. Saupoudrez de fenouil ciselé et servez immédiatement.

Ravioles de crabe, carottes, avocat, sauce citron

4
PERSONNES

Moyen
COÛT

Facile
À RÉALISER

20 min
PRÉPARATION

5 min
CUISSON

Ustensiles

1 bol - 1 casserole
1 passoire - 1 râpe

Ingrédients

250 g de pâte à raviolis
200 g de chair de crabe
1 c. à s. de chapelure
le jus de 2 citrons
1 carotte - 3 avocats
6 c. à s. d'huile d'olive
1 c. à s. de sauce soja
sel - poivre noir

1. Mélangez la moitié du crabe avec la chapelure, citronnez, poivrez et salez. Garnissez les ravioles. Épluchez la carotte et râpez-la. Pelez les avocats, coupez-les en quartiers et disposez les morceaux sur les assiettes, ajoutez les carottes, puis citronnez.

2. Préparez la sauce citron en mélangeant 2 cuillerées à soupe de jus de citron, la sauce soja et l'huile d'olive, salez, poivrez. Mettez de l'eau à bouillir, salez-la et faites cuire les ravioles. Dès qu'elles remontent à la surface, égouttez-les. Au moment du service, répartissez les ravioles et le crabe restant sur des assiettes. Nappez de sauce citron et servez ces ravioles tièdes ou froides.

Gratins & farcis

4
PERSONNES

Bon marché
COÛT

Facile
À RÉALISER

20 min
PRÉPARATION

1 h 20
CUISSON

Lasagnes traditionnelles

Ustensiles

1 plat à lasagnes
1 casserole
1 poêle

Ingrédients

1 paquet de lasagnes déshydratées
500 g de coulis de tomates
600 g de tomates pelées en conserve
300 g de bœuf haché
2 oignons
4 gousses d'ail
1 carotte
200 g de gruyère râpé
60 g de parmesan râpé
50 g de petits pois
2 œufs
1 cuil. à soupe de concentré de tomates
2 cuil. à soupe d'huile d'olive
sel - poivre

1. Épluchez les oignons, les gousses d'ail et la carotte. Dégermez l'ail et hachez-le. Taillez la carotte en deux dans la longueur et émincez-la très finement. Ciselez l'oignon. Faites cuire les œufs durs 12 minutes dans une casserole.

2. Faites revenir à feu vif la viande dans une poêle avec l'huile d'olive. Lorsque la viande est bien colorée, ajoutez l'ail, l'oignon et la carotte. Assaisonnez, ajoutez le concentré de tomates et laissez revenir encore 5 minutes. Placez la préparation dans une casserole et ajoutez les tomates pelées et le coulis. Laissez cuire la sauce pendant 25 minutes.

3. Placez un peu de sauce tomate au fond du plat. Disposez une couche de lasagne. Nappez abondamment de sauce et de hachis. Ajoutez quelques petits pois et quelques morceaux d'œufs durs. Renouvelez l'opération en déposant une nouvelle couche de lasagne et terminez par une dernière couche de lasagne et de sauce tomate. Parsemez de gruyère et de parmesan.

4. Placez au four à 180 °C (th. 6) pendant 35 à 40 minutes et laissez gratiner.

VARIANTE Vous pouvez ajouter une couche de sauce béchamel entre chaque couche de lasagne afin de rendre la préparation plus crémeuse.

ASTUCE Vous pouvez également utiliser de la pâte à nouilles fraîches pour la réalisation de la recette. N'hésitez pas à mettre une assez grande quantité de sauce tomate et de hachis afin d'obtenir un résultat onctueux.

Lasagnes végétariennes

4
PERSONNES

Bon marché
COÛT

Facile
À RÉALISER

30 min
PRÉPARATION

40 min
CUISSON

Ustensiles

1 plat à gratin - 1 poêle
1 cuit-vapeur - 1 casserole

Ingrédients

8 feuilles de lasagne
4 courgettes
200 g de dés de tomates
200 g de haricots plats
200 g de ricotta
200 g de parmesan râpé
50 cl de béchamel
1 petit bouquet de basilic frais
1 c. à s. d'huile d'olive
1 noix de beurre
sel - poivre du moulin

1. Préchauffez le four à 200 °C (th. 6-7). Coupez les courgettes en allumettes sans les éplucher, faites-les sauter 3 à 4 minutes dans une poêle avec l'huile. Salez, poivrez.

2. Ciselez le basilic, mélangez-le à la béchamel. Faites cuire les lasagnes 3 minutes dans de l'eau bouillante salée et les haricots plats 5 minutes à la vapeur.

3. Beurrez le plat et montez les lasagnes : un peu de béchamel, 2 feuilles de lasagne, des courgettes bien égouttées, un peu de béchamel, des morceaux de ricotta, 2 feuilles de lasagne, des dés de tomates, béchamel, ricotta... Réitérez l'opération avec les haricots plats en terminant par 2 feuilles de lasagne et le reste de béchamel. Saupoudrez l'ensemble avec le parmesan. Enfournez pour 30 minutes.

Lasagnes aubergines et deux fromages

4
PERSONNES

Bon marché
COÛT

Facile
À RÉALISER

30 min
PRÉPARATION

55 min
CUISSON

Ustensiles

1 plat à gratin - 2 casseroles
1 sauteuse

Ingrédients

8 feuilles de lasagne
4 grosses aubergines
25 cl de coulis de tomates
1 carotte - 1 oignon
50 cl de béchamel
50 g de parmesan râpé
150 g de mozzarella
2 c. à s. d'huile d'olive
1 c. à s. d'herbes de Provence
sel - poivre du moulin

1. Pelez les aubergines et coupez-les en tranches dans la longueur. Faites-les dorer dans une sauteuse avec l'huile, sur feu vif. Déposez-les sur du papier absorbant.

2. Mélangez le coulis de tomates à la béchamel, ajoutez la carotte en dés, l'oignon émincé, les herbes, salez, poivrez, mélangez et laissez revenir 15 minutes sur feu doux. Préchauffez le four à 200 °C (th. 6-7). Faites cuire les lasagnes 3 minutes dans de l'eau bouillante salée.

3. Déposez au fond du plat une belle cuillerée de béchamel, puis 2 feuilles de lasagne, des tranches d'aubergine (sans les superposer). Parsemez de parmesan et de morceaux de mozzarella égouttée. Recouvrez de sauce et répétez l'opération pour terminer par 2 feuilles de lasagne, de la béchamel et un peu de parmesan. Enfournez pour 30 à 40 minutes.

4
PERSONNES

Moyen
COÛT

Facile
À RÉALISER

30 min
PRÉPARATION

30 min
CUISSON

Lasagnes aux gambas et aux champignons

Ustensiles

2 poêles
1 casserole
1 torchon
1 plat à gratin ou 1 grille

Ingrédients

4 feuilles de lasagne fraîches
16 gambas (fraîches ou surgelées)
50 cl de béchamel
400 g de champignons (cèpes, girolles ou champignons de Paris)
1 gousse d'ail
½ bouquet de persil plat
3 cuil. à soupe d'huile d'olive
30 g de parmesan
1 noix de beurre
sel - poivre du moulin

1. Préchauffez le four à 180 °C (th. 6). Décortiquez et faites poêler les gambas sur feu vif avec 1 cuillerée à soupe d'huile d'olive. Réservez 4 gambas entières, découpez le reste en moitié dans le sens de la longueur.

2. Faites revenir les champignons brossés et émincés dans une poêle avec 2 cuillerées à soupe d'huile d'olive. Ajoutez l'ail écrasé, salez, poivrez et mélangez. Ajoutez le persil émincé, mélangez et éteignez le feu.

3. Faites cuire les feuilles de lasagne 3 minutes dans de l'eau bouillante salée, égouttez-les et réservez-les sur un torchon propre. Dans un plat à gratin beurré (ou sur une feuille de cuisson graissée), déposez 1 feuille de lasagne puis une fine couche de béchamel, quelques morceaux de gambas, un peu de champignons poêlés, ajoutez une autre feuille de lasagne. Répétez l'opération pour terminer par une fine couche de béchamel, les gambas entières et un peu de parmesan râpé.

4. Glissez au four pour 10 minutes de cuisson. Servez bien chaud avec une salade au vinaigre balsamique.

VARIANTE Remplacez le lait de la sauce Béchamel par du fumet de poisson pour une recette 100 % marine.

ASTUCE Variez les plaisirs de l'œil en découpant, à l'aide d'un emporte pièce, les feuilles de lasagne en carré, rond, forme poisson…

4
PERSONNES

Bon marché
COÛT

Facile
À RÉALISER

20 min
PRÉPARATION

45 min
CUISSON

Lasagnes saumon-poireaux

Ustensiles

1 cuit-vapeur
1 plat à gratin
1 casserole
1 torchon

Ustensiles

8 feuilles de lasagne
200 g de saumon fumé (ou truite)
3 petits poireaux (ou 2 moyens)
50 cl de béchamel
100 g de gruyère râpé

1. Préchauffez le four à 200 °C (th. 6-7). Coupez les poireaux lavés dans leur longueur et faites-les cuire à la vapeur 10 minutes. Sortez-les du cuit-vapeur, égouttez-les et réservez-les. Découpez le saumon fumé en morceaux.

2. Faites cuire les lasagnes 3 minutes dans de l'eau bouillante salée. Égouttez-les et déposez-les sur un torchon propre. Déposez 1 cuillerée à soupe de sauce Béchamel dans le fond d'un plat à gratin, puis 2 feuilles de lasagne. Recouvrez de poireaux, de morceaux de saumon fumé et parsemez de gruyère râpé. Déposez une nouvelle couche de béchamel et répétez l'opération 2 fois. Terminez par 2 feuilles de lasagne, une couche de béchamel et du fromage pour gratiner. Enfournez pour 30 à 35 minutes. Servez bien chaud.

Lasagnes au crabe

4
PERSONNES

Moyen
COÛT

Facile
À RÉALISER

15 min
PRÉPARATION

20 min
CUISSON

Ustensiles

1 saladier - 1 plat à gratin
1 casserole - 1 torchon

Ustensiles

8 feuilles de lasagne
300 g de crabe en boîte
2 tomates
1 poivron rouge
50 cl de béchamel
10 brins de persil plat
50 g de mozzarella
4 à 5 gouttes de Tabasco
1 noix de beurre
sel - poivre du moulin

1. Préchauffez le four à 180 °C (th. 6). Pelez, épépinez et concassez les tomates. Épluchez le poivron et coupez-le en petits dés. Hachez le persil. Ajoutez les dés de poivron, les tomates concassées et 4 à 5 gouttes de Tabasco à la sauce Béchamel. Salez et poivrez si nécessaire, puis ajoutez le crabe égoutté et émietté, le persil haché et mélangez soigneusement. Faites cuire les lasagnes 3 minutes dans de l'eau bouillante salée. Égouttez-les et déposez-les sur un torchon propre.

2. Beurrez un plat à gratin. Étalez 2 feuilles de lasagne dans le fond. Recouvrez-les d'une couche de préparation au crabe. Recommencez 2 fois et terminez par 2 feuilles de lasagne. Répartissez dessus la mozzarella en lamelles. Enfournez pour 15 à 20 minutes de cuisson jusqu'à l'obtention d'une jolie coloration. Servez bien chaud.

4
PERSONNES

Bon marché
COÛT

Facile
À RÉALISER

20 min
PRÉPARATION

1 h 10
CUISSON

Lasagnes au lapin et au brocoli

Ustensiles

1 plat à gratin
1 poêle
1 assiette
2 casseroles
1 torchon

Ingrédients

8 feuilles de lasagne fraîches
2 cuisses de lapin
3 échalotes
1 gousse d'ail
1 branche de thym
1 petit brocoli
30 cl de vin blanc
200 g de ricotta
10 cl de crème fraîche
100 g de tomme de brebis
1 c. à s. d'huile d'olive
1 noix de beurre
sel - poivre du moulin

1. Faites fondre les échalotes épluchées et hachées dans une poêle avec 1 cuillerée à soupe d'huile d'olive. Ajoutez la gousse d'ail non épluchée, la branche de thym, le vin blanc et le reste d'huile. Salez, poivrez, mélangez et ajoutez les cuisses de lapin. Laissez mijoter doucement pendant 30 minutes.

2. La chair de lapin est cuite quand elle se détache facilement de l'os. Réservez et laissez refroidir un peu avant d'émietter la viande dans une assiette à l'aide d'une fourchette. Réservez le jus de cuisson en ôtant l'ail et le thym.

3. Préchauffez le four à 210 °C (th. 7). Faites cuire les lasagnes 3 minutes dans de l'eau bouillante salée, égouttez-les et déposez-les sur un torchon propre. Détaillez le brocoli en fleurettes et faites-les cuire dans une casserole d'eau bouillante salée 5 minutes (ou au cuit-vapeur). Passez-les ensuite sous l'eau froide pour stopper la cuisson et égouttez-les bien.

4. Mélangez le jus de cuisson du lapin avec la ricotta et 8 cl de crème fraîche. Ajoutez la chair du lapin émiettée. Salez, poivrez. Graissez un plat à gratin, déposez 2 feuilles de lasagne, recouvrez généreusement de sauce au lapin, de 2 feuilles de lasagne puis de brocoli en morceaux. Répétez 2 fois l'opération en terminant par 2 feuilles de lasagne et le reste de crème fraîche. Déposez sur le dessus la tomme coupée en morceaux et enfournez pour 30 minutes de cuisson.

VARIANTE Les enfants, peu adeptes de lapin, apprécieront la version poulet.

ASTUCE La viande s'effiloche plus facilement quand elle est chaude. N'attendez pas trop longtemps !

4
PERSONNES

Bon marché
COÛT

Facile
À RÉALISER

45 min
PRÉPARATION

1 h
CUISSON

Lasagnes poulet-feta

Ustensiles

1 plat à gratin - 1 spatule
1 sauteuse - 1 casserole
1 torchon

Ingrédients

8 feuilles de lasagne
400 g de blancs de poulet
200 g de feta
1 oignon - 20 cl de vin blanc
50 cl de béchamel
50 cl de sauce tomate
30 g de parmesan râpé
2 c. à s. d'huile d'olive
3 feuilles de basilic
sel - poivre du moulin

Faites cuire les lasagnes 3 minutes dans de l'eau bouillante salée, égouttez-les et déposez-les sur un torchon propre. Émiettez la feta. Émincez le basilic. Épluchez et émincez l'oignon. Faites-le revenir dans une sauteuse avec 1 cuillerée à soupe d'huile d'olive. Coupez les blancs de poulet en morceaux. Faites-les revenir avec l'oignon 10 à 15 minutes. Versez le vin blanc et poursuivez la cuisson 5 minutes environ. Ajoutez la sauce tomate et remuez à l'aide d'une cuillère en bois. Salez, poivrez selon le goût. Préchauffez le four à 200 °C (th. 6-7). Graissez le fond du plat à gratin avec le reste d'huile d'olive, puis déposez 2 feuilles de lasagne, une couche de sauce tomate au poulet, un peu de basilic, de la feta, du basilic à nouveau et une couche de béchamel. Recommencez l'opération 2 fois et terminez par 2 feuilles de lasagne et du parmesan râpé. Enfournez pour 35 à 40 minutes, jusqu'à l'obtention d'une jolie couleur dorée. Servez bien chaud avec du mesclun aromatisé à l'huile d'olive.

Lasagnes jambon de pays-bleu

4
PERSONNES

Bon marché
COÛT

Facile
À RÉALISER

15 min
PRÉPARATION

30 min
CUISSON

Ustensiles

1 plat à gratin - 1 casserole
1 torchon

Ingrédients

8 feuilles de lasagne
50 cl de béchamel
200 g de fromage bleu (auvergne, roquefort ou gorgonzola)
6 tranches fines de jambon de pays - 1 noix de beurre
sel - poivre du moulin

1. Préchauffez le four à 200 °C (th. 6-7). Faites cuire les lasagnes 3 minutes dans de l'eau bouillante salée, égouttez-les et déposez-les sur un torchon propre.

2. Mélangez le fromage coupé en morceaux à la sauce Béchamel déjà préparée.

3. Beurrez un plat à gratin, déposez 2 feuilles de lasagne dans le fond du plat, puis 2 tranches de jambon de pays, une couche de sauce Béchamel au fromage. Répétez 2 fois l'opération et terminez par de la béchamel. Enfournez pour 20 à 25 minutes de cuisson. Servez chaud.

4
PERSONNES

Moyen
COÛT

Facile
À RÉALISER

30 min
PRÉPARATION

45 min
CUISSON

Lasagnes au confit de canard et aux champignons des bois

Ustensiles

1 plat à gratin
1 casserole
2 poêles
1 assiette
1 torchon

Ingrédients

6 feuilles de lasagne fraîches
3 cuisses de canard confites
300 g de champignons des bois (girolles ou cèpes)
50 cl de béchamel
100 g de fromage râpé (comté, gruyère...)
1 oignon
1 noix de beurre
sel - poivre du moulin

1. Faites chauffer doucement les cuisses de canard dans une poêle pendant 20 minutes environ, puis désossez-les dans une assiette. Émiettez la chair. Faites-la revenir dans une autre poêle avec l'oignon épluché et haché.

2. Faites cuire les lasagnes dans une casserole d'eau bouillante salée pendant 3 minutes, égouttez-les et déposez-les sur un torchon propre.

3. Préchauffez le four à 200 °C (th. 6-7). Si vous utilisez des champignons surgelés, faites-les décongeler au micro-ondes (ou, mieux encore, doucement au réfrigérateur). Égouttez-les et ajoutez-les aux miettes de confit.

4. Beurrez légèrement le plat à gratin. Versez un peu de béchamel au fond, posez dessus 2 feuilles de lasagne, puis la moitié des miettes de canard, et enfin une couche de béchamel. Recommencez l'opération 2 fois pour terminer par une couche de lasagnes et la sauce Béchamel. Recouvrez de fromage râpé et enfournez pour 20 minutes de cuisson. Servez bien chaud.

VARIANTE Remplacez le canard par du poulet et les champignons des bois (un peu chers) par des champignons de Paris.

ASTUCE Conservez la graisse de canard refroidie dans un pot en verre avec couvercle. Elle peut toujours servir pour faire confire une épaule d'agneau ou faire revenir des pommes de terre sautées.

Lasagnes à la mozza et au basilic

4
PERSONNES

Bon marché
COÛT

Facile
À RÉALISER

10 min
PRÉPARATION

35 min
CUISSON

Ustensiles
1 plat à gratin
1 casserole
1 torchon

Ingrédients
8 feuilles de lasagne
125 g de mozzarella
70 g de parmesan râpé
50 cl de coulis de tomates
50 cl de béchamel
1 bouquet de basilic frais
1 noix de beurre

Préchauffez le four à 200 °C (th. 6-7). Faites cuire les feuilles de lasagne dans une casserole d'eau bouillante salée pendant 3 minutes. Égouttez-les et déposez-les sur un torchon propre. Beurrez un plat à gratin, déposez 2 feuilles de lasagne dans le fond, recouvrez de fines tranches de mozzarella, puis de coulis de tomates. Ajoutez quelques feuilles de basilic et un peu de parmesan. Versez une fine couche de béchamel. Réitérez l'opération 2 fois, terminez par une couche de lasagnes recouverte de béchamel et de parmesan. Enfournez pour 30 minutes jusqu'à l'obtention d'une jolie couleur dorée. Servez bien chaud avec une salade de pousses d'épinards aromatisées à l'huile d'olive et au citron.

Lasagnes aux légumes d'été

4
PERSONNES

Bon marché
COÛT

Facile
À RÉALISER

30 min
PRÉPARATION

45 min
CUISSON

Ustensiles
1 plat à gratin
1 poêle ou 1 sauteuse
1 spatule - 1 casserole
1 torchon

Ingrédients
8 feuilles de lasagne
400 g de bœuf haché
50 cl de sauce tomate
50 cl de béchamel
2 courgettes - 4 tomates
2 aubergines - 2 poivrons
2 oignons
3 c. à s. d'huile d'olive
sel - poivre du moulin

Préchauffez le four à 200 °C (th. 6-7). Épluchez et émincez les oignons. Faites-les revenir dans une poêle avec l'huile d'olive. Épluchez et coupez tous les légumes en dés, faites-les revenir dans la poêle avec l'oignon. Ajoutez le bœuf haché et laissez cuire l'ensemble 10 à 15 minutes en remuant régulièrement avec une cuillère en bois. Salez, poivrez. Faites cuire les feuilles de lasagne dans de l'eau bouillante salée 3 minutes. Égouttez-les et déposez-les sur un torchon propre. Déposez dans le fond du plat à gratin une belle cuillerée de sauce tomate puis 2 feuilles de lasagne, une couche de légumes à la viande et une de béchamel. Répétez l'opération 2 fois et terminez par 2 feuilles de lasagne et une épaisseur de béchamel. Enfournez pour 30 minutes de cuisson.

4
PERSONNES

Moyen
COÛT

Facile
À RÉALISER

20 min
PRÉPARATION

35 min
CUISSON

Lasagnes aux noix de Saint-Jacques

Ustensiles

1 plat à gratin - 1 poêle
1 casserole - 1 torchon

Ingrédients

8 feuilles de lasagne fraîches
500 g de saint-jacques (ou de pétoncles)
1 échalote
1 noix de beurre
10 cl de vin blanc
50 cl de béchamel
100 g de gruyère râpé
sel - poivre du moulin

Préchauffez le four à 200 °C (th. 6-7). Épluchez et émincez l'échalote. Faites-la revenir dans une poêle avec le beurre. Ajoutez les noix de Saint-Jacques, mélangez et laissez dorer. Salez, poivrez, puis versez le vin blanc. Poursuivez la cuisson 3 à 4 minutes. Pour la béchamel, remplacez la moitié du lait par le jus de cuisson des saint-jacques, cela apportera un parfum « marin ». Faites cuire les lasagnes 3 minutes dans de l'eau salée. Égouttez-les et déposez-les sur un torchon propre. Déposez dans le fond du plat une fine couche de béchamel, puis 2 feuilles de lasagne, une couche de saint-jacques, de la béchamel, etc. Terminez par 2 feuilles de lasagne, un peu de béchamel et recouvrez de gruyère râpé. Enfournez pour 25 à 30 minutes. Servez avec une salade de carottes râpées à l'orange.

Lasagnes aux crevettes

4
PERSONNES

Bon marché
COÛT

Facile
À RÉALISER

30 min
PRÉPARATION

40 min
CUISSON

Ustensiles

1 plat à gratin - 1 casserole
1 torchon

Ingrédients

8 feuilles de lasagne
500 g de crevettes roses (ou grises) décortiquées
50 cl de béchamel
100 g de fromage râpé
2 gousses d'ail
1 bouquet de persil plat
½ c. à c. de quatre-épices
1 c. à s. d'huile d'olive
2 noix de beurre - sel - poivre

1. Préchauffez le four à 180 °C (th. 6). Faites chauffer dans une poêle l'huile d'olive et 1 noix de beurre. Ajoutez l'ail épluché et haché, le quatre-épices puis les crevettes. Salez, poivrez, mélangez et laissez revenir 3 à 4 minutes. Ajoutez le persil haché, mélangez et réservez.

2. Faites cuire les lasagnes 3 minutes dans de l'eau bouillante salée. Égouttez-les et déposez-les sur un torchon propre.

3. Graissez le plat à gratin, déposez 2 feuilles de lasagne et un tiers des crevettes dorées. Recouvrez de béchamel, puis de 2 feuilles de lasagne, etc. Terminez par de la béchamel. Saupoudrez de fromage râpé et enfournez pour 30 minutes. Servez bien chaud avec une salade de pamplemousse.

4
PERSONNES

Bon marché
COÛT

Délicat
À RÉALISER

35 min
PRÉPARATION

55 min
CUISSON

Cannellonis épinards et ricotta

Ustensiles

2 casseroles
1 saladier
1 plat à gratin

Ingrédients

12 plaques de lasagne
2 cuil. à soupe de parmesan
huile - sel - poivre

Pour la farce

400 g de ricotta
200 g d'épinards hachés (éventuellement surgelés)
1 œuf
30 g de parmesan râpé

Pour la béchamel

50 g de beurre
50 g de farine
50 cl de lait
2 jaunes d'œufs
1 pincée de noix de muscade râpée

1. Faites cuire les épinards dans une casserole, égouttez-les bien. Dans un saladier, mélangez tous les ingrédients de la farce, rectifiez l'assaisonnement.

2. Faites fondre le beurre dans une casserole. Saupoudrez de farine et remuez avec une cuillère en bois jusqu'à l'obtention d'un roux (le mélange doit se colorer). Versez le lait et incorporez les jaunes d'œufs préalablement battus. Portez l'ensemble à ébullition sans cesser de mélanger. Baissez le feu, assaisonnez en sel, poivre et muscade, et laissez la sauce épaissir pendant 10 minutes sans cesser de remuer. Si, malgré tous vos efforts, des grumeaux subsistent dans votre sauce, passez cette dernière au mixeur plongeant.

3. Préchauffez le four à 200 °C (th. 7). Dans une casserole d'eau bouillante salée, faites cuire les plaques de lasagne pendant 10 minutes. Égouttez-les et mettez-les dans un plat creux. Recouvrez-les d'eau froide afin qu'elles ne collent pas.

4. Huilez un plat à gratin. Versez 1/3 de la sauce. Égouttez 1 plaque de lasagne et déposez-la sur un torchon propre. Garnissez-la de farce. Roulez-la en forme de gros cigare et déposez-la dans le plat à gratin. Faites de même avec le reste des plaques de lasagne. Nappez les cannellonis de sauce, saupoudrez de parmesan et enfournez pour 15 minutes environ.

VARIANTE Vous pouvez enrichir la farce de dés de jambon cru ou d'un peu de bœuf haché.

ASTUCE Attention de ne pas déchirer les plaques de lasagne, lorsque vous les manipulerez, notamment lors de la cuisson.

4
PERSONNES

Moyen
COÛT

Très facile
À RÉALISER

15 min
PRÉPARATION

25 min
CUISSON

Gratin moelleux de macaronis au comté et jambon blanc

Ustensiles

1 plat à gratin
1 grande casserole
1 saladier
1 râpe à fromage

Ingrédients

300 g de macaronis
30 g de beurre
2 tranches de jambon épaisses
120 g de comté
25 cl de crème fraîche épaisse
1 jaune d'œuf
sel fin - poivre du moulin
muscade moulue

1. Détaillez les tranches de jambon en petits dés. Râpez le morceau de comté. Beurrez le plat à gratin. Préchauffez le four à 180 °C (th. 6).

2. Faites chauffer une grande casserole remplie d'eau salée. Faites cuire les macaronis al dente en respectant les recommandations du fabricant. Rincez-les à l'eau tiède, égouttez-les soigneusement.

3. Dans un saladier, mélangez la crème épaisse avec le jaune d'œuf, un tiers du comté et les dés de jambon. Ajoutez les macaronis bien égouttés. Mélangez de nouveau, assaisonnez avec du sel fin, du poivre et de la muscade, versez le tout dans le plat à gratin.

4. Répartissez le reste de comté sur toute la surface du gratin. Faites cuire et gratiner dans le four pendant 20 minutes. Servez aussitôt.

VARIANTE Incorporez un peu de coulis de tomates avec la crème fraîche épaisse.

ASTUCE N'ajoutez pas d'huile dans l'eau de cuisson des macaronis : ils absorberaient mal la crème en gratinant dans le four.

4
PERSONNES

Bon marché
COÛT

Facile
À RÉALISER

20 min
PRÉPARATION

1 h 10
CUISSON

Cannellonis aux champignons et aux petits légumes

Ustensiles

1 sauteuse
1 casserole
1 plat à gratin

Ingrédients

12 à 16 cannellonis à farcir
500 g de champignons de Paris
1 oignon
2 carottes
2 poireaux
1 branche de céleri
50 cl de crème
50 g de beurre
50 g de gruyère râpé
4 branches de persil plat
sel, poivre

1. Épluchez les carottes et coupez-les en petits dés. Épluchez les poireaux, émincez-les finement ainsi que la branche de céleri. Lavez, essuyez les champignons et coupez-les en dés. Épluchez et hachez l'oignon. Ciselez le persil.

2. Faites fondre le beurre dans une sauteuse, mettez les légumes et faites-les cuire pendant 20 minutes en mélangeant souvent. Salez, poivrez et incorporez le persil.

3. Versez la crème dans une casserole, faites-la réduire pendant 5 minutes. Versez la moitié de la crème sur les légumes, mélangez et farcissez les cannellonis avec cette préparation à l'aide d'une petite cuillère.

4. Préchauffez le four à 180 °C (th. 6). Rangez les cannellonis côte à côte dans un plat à gratin, arrosez-les avec le reste de crème, saupoudrez de gruyère et faites cuire pendant 40 minutes. Passez sous le gril pour faire gratiner. Servez très chaud.

VARIANTE Ajoutez à la farce de l'oseille, des épinards, du jambon ou de la pancetta hachés, en fonction de vos envies et des offres du marché.

ASTUCE Pour remplir les cannellonis sans que la farce s'échappe de l'autre côté, obturez-les avec un peu de papier d'aluminium que vous enlèverez en déposant les cannellonis dans le plat.

4
PERSONNES

Moyen
COÛT

Délicat
À RÉALISER

40 min
PRÉPARATION

30 min
CUISSON

Conchiglionis de veau gratinés à la parmesane

Ustensiles

1 poêle
1 plat à gratin
1 casserole

Ingrédients

400 g de conchiglionis
500 g de viande de veau hachée
2 tranches un peu épaisses de jambon de Parme
2 échalotes
1 bouquet de thym
100 g de parmesan
30 cl de coulis de tomates
2 cuil. à soupe d'huile d'olive
sel, poivre

1. Pelez les échalotes et hachez-les. Coupez le jambon en petits morceaux.

2. Faites fondre les échalotes à la poêle dans l'huile d'olive. Ajoutez le jambon, laissez dorer 3 minutes, ajoutez la viande de veau, faites-la saisir 5 minutes sur feu vif. Ajoutez un peu de coulis de tomates, le thym, du sel et du poivre, laissez mijoter 15 minutes sur feu doux.

3. Cuisez les conchiglionis dans de l'eau bouillante salée comme indiqué sur le paquet. Égouttez-les et rafraîchissez-les sous l'eau froide.

4. Préchauffez le four à 210 °C (th. 7). Garnissez les conchiglionis avec la viande. Versez le reste de coulis de tomates dans le fond d'un plat à gratin. Posez les conchiglionis farcis dessus. Saupoudrez-les de parmesan, mettez à gratiner 15 à 20 minutes au four.

VARIANTES Vous pouvez remplacer la viande de veau par de la viande de bœuf ou même de poulet et y ajouter des épices selon votre goût.

ASTUCE Cuisez les conchiglioni en les gardant un peu fermes, ils sécheront un peu à la cuisson et resteront fermes.

4
PERSONNES

Bon marché
COÛT

Facile
À RÉALISER

15 min
PRÉPARATION

12 h
REPOS

20 min
CUISSON

Gratin de macaronis

Ustensiles

1 casserole
1 saladier
1 plat à gratin

Ingrédients

300 g de macaronis
1 litre de lait
80 g de gruyère
40 g de beurre

1. La veille, cuisez les macaronis dans l'eau bouillante salée. Égouttez-les, rafraîchissez-les sous l'eau froide.

2. Mettez-les dans un saladier, couvrez-les de lait froid, laissez reposer 12 heures au frais.

3. Le jour même, préchauffez le four à 180 °C (th. 6), égouttez les macaronis, mettez-les dans un plat à gratin beurré.

4. Parsemez avec le gruyère râpé et le reste de beurre coupé en petits morceaux. Cuisez le gratin 10 à 15 minutes au four, allumez le gril les deux dernières minutes pour obtenir une croûte bien croustillante.

VARIANTE Selon votre goût, vous pouvez ajouter une grosse cuillerée de crème fraîche et plus de gruyère dans les macaronis avant de les mettre à gratiner.

ASTUCE Mettez une cuillerée d'huile dans les macaronis quand vous les rafraîchissez pour qu'ils ne collent pas.

4
PERSONNES

Bon marché
COÛT

Facile
À RÉALISER

20 min
PRÉPARATION

45 min
CUISSON

Cannellonis au vert de blettes

Ustensiles

1 passoire fine
1 casserole
1 saladier
1 plat à gratin

Ingrédients

16 cannellonis prêts à farcir
Le vert d'une botte de blettes
1 oignon
1 gousse d'ail
3 cuil. à soupe d'huile d'olive
1 grosse boîte de tomates entières pelées
1 cuil. à soupe d'herbes de Provence
500 g de fromage blanc en faisselle
2 blancs d'œufs
80 g de parmesan râpé
sel, poivre

1. Préchauffez le four à 180 °C (th. 6). Égouttez le fromage blanc dans une passoire fine. Faites cuire les blettes pendant 5 minutes à l'eau bouillante salée, égouttez-les et rafraîchissez-les dans de l'eau froide, puis pressez-les soigneusement entre vos mains pour éliminer le maximum d'eau.

2. Pelez et émincez l'oignon, épluchez et hachez l'ail. Faites-les revenir dans deux cuillerées à soupe d'huile chaude sans coloration. Ajoutez le contenu de la boîte de tomates, les herbes de Provence, du sel et du poivre. Couvrez et laissez mijoter 15 minutes.

3. Hachez finement les blettes et mélangez-les avec le fromage blanc, les blancs d'oeufs, 50 g de parmesan, du sel et du poivre. À l'aide d'une petite cuillère, farcissez les cannellonis et déposez-les dans un plat à gratin huilé.

4. Versez la sauce tomate sur les cannellonis de manière à les recouvrir. Saupoudrez le reste de parmesan et faites cuire au four pendant 30 minutes. Éteignez le four et laissez reposer 10 minutes avant de servir.

VARIANTE Les blettes peuvent être remplacées par des épinards, des fanes de radis ou de navet, du cresson, ou le vert des poireaux que l'on jette habituellement…

ASTUCE Écrasez les tomates pelées dans la casserole avec la cuillère en bois. Si vous préférez une sauce plus fluide, passez la boîte de tomates au mixeur.

4
PERSONNES

Moyen
COÛT

Facile
À RÉALISER

20 min
PRÉPARATION

30 min
REPOS

12 min
CUISSON

Gnocchis gratinés, coulis de tomates

Ustensiles

4 mini-plats à gratin
1 grande casserole
1 fouet - 1 bol - 1 plat
1 emporte-pièce en forme d'étoile
papier film

Ingrédients

½ l de lait
90 g de beurre
80 g de semoule de blé fine
1 œuf - 2 jaunes
125 g de gruyère râpé
1 cuil. à soupe d'huile
10 cl de coulis de tomates
sel fin
noix de muscade moulue
piment d'Espelette
quelques feuilles de basilic

1. Faites frémir dans une casserole le lait avec 50 g de beurre, une pincée de sel fin, une pincée de muscade et une pincée de piment. Versez la semoule de blé en pluie dans le lait bouillant. Faites frémir pendant 5-6 minutes en remuant constamment avec un petit fouet.

2. Mélangez dans un bol l'œuf entier et les jaunes. Versez ce mélange dans la semoule, remuez énergiquement et laissez cuire pendant encore 1 minute pour bien épaissir le tout. Ajoutez à la fin la moitié du gruyère râpé. Versez cette semoule compacte dans un plat légèrement huilé sur une épaisseur de 2 à 2,5 cm d'épaisseur. Lissez avec une spatule métallique huilée. Laissez bien refroidir pendant au moins 30 minutes. Démoulez la semoule compacte sur du papier film. Détaillez 4 formes d'étoile à l'aide d'un emporte-pièce.

3. Beurrez les mini-plats à gratin. Déposez au centre une étoile de semoule. Saupoudrez-les de gruyère. Arrosez-les légèrement avec 20 g de beurre fondu. Faites gratiner dans un four chaud à 230 °C (th. 7/8) pendant quelques minutes.

4. Réchauffez au dernier moment le coulis de tomates. Versez-le dans les moules à gratin autour des étoiles de semoule. Décorez avec du basilic.

VARIANTE Variez les formes (rondes, carrées...) pour égayer votre table.

ASTUCE Surveillez constamment la cuisson de la semoule pour éviter qu'elle attache au fond de la casserole.

4
PERSONNES

Bon marché
COÛT

Facile
À RÉALISER

20 min
PRÉPARATION

30 min
CUISSON

Œufs cocotte pour les petits

Ustensiles

4 mini-cocottes
1 sauteuse
1 petite casserole

Ingrédients

4 œufs
150 g de mini-coquillettes
30 à 40 cl de bouillon de légumes (ou de volaille)
5 portions de crème de gruyère (Vache qui rit®)
20 cl de lait
2 échalotes grises
2 cuil. à soupe ½ d'huile
10 g de beurre
1 pincée de muscade râpée
sel
poivre

1. Portez le bouillon à frémissements. Dans une casserole, faites revenir les coquillettes dans 2 cuillerées à soupe d'huile pour bien les enrober. Couvrez-les de 30 cl de bouillon. Laissez cuire environ 15 minutes, jusqu'à ce que le bouillon soit absorbé et les coquillettes tendres. Si nécessaire, ajoutez un peu de bouillon chaud en cours de cuisson.

2. Faites revenir les échalotes très finement hachées dans une demi-cuillerée à soupe d'huile. Ajoutez le lait, les portions de fromage, la muscade râpée, du sel, du poivre. Remuez sur feu doux jusqu'à ce que le fromage soit fondu.

3. Mélangez les pâtes avec les deux tiers de la sauce. Répartissez-les dans les cocottes beurrées. Creusez le centre et cassez-y 1 œuf. Faites cuire au four à 180 °C (th. 6) dans un bain-marie pendant 12 à 15 minutes.

4. Glissez les cocottes sur des assiettes. Versez le reste de sauce autour des jaunes d'œufs et servez.

VARIANTE Ces cocottes peuvent se réaliser avec du quinoa ou de l'Ebly®. Ajoutez des dés de jambon, de chipolatas ou de tomates, ou quelques feuilles d'épinards ciselées.

ASTUCE Pour plus de saveur, les pâtes cuisent un peu comme un risotto, sans être gonflées d'eau, mais d'un délicat bouillon.

4
PERSONNES

Moyen
COÛT

Facile
À RÉALISER

30 min
PRÉPARATION

35 min
CUISSON

Cannellonis croustillants aux champignons

Ustensiles

1 plat à gratin
1 fouet
1 casserole
1 poêle
1 passoire
4 cure-dents

Ingrédients

12 feuilles de lasagne précuites
250 g de champignons de Paris
100 g de cèpes
100 g de girolles
3 gousses d'ail
150 g de crème fraîche épaisse
4 cuil. à soupe d'huile d'olive
50 cl de lait
50 g de beurre
50 g de farine
60 g de parmesan
60 g de gruyère
4 feuilles de basilic
4 tomates cerises avec pédoncule
sel - poivre

1. Faites chauffer une grande quantité d'eau salée dans une casserole. Lorsque celle-ci arrive à ébullition, plongez une par une les feuilles de lasagne pendant 2 à 3 minutes afin qu'elles se réhydratent et ramollissent. Égouttez-les.

2. Lavez ou brossez les champignons, puis taillez-les en morceaux. Épluchez l'ail avant de le dégermer, hachez-le finement. Faites cuire 2 minutes chaque variété de champignons séparément dans une poêle huilée avec un peu d'ail et assaisonnez. À la fin, replacez-les dans la poêle et ajoutez la crème avant de réassaisonner.

3. Faites fondre le beurre dans une casserole, ajoutez la farine, laissez mousser en remuant au fouet et ajoutez le lait froid. Portez à ébullition et assaisonnez cette sauce Béchamel.

4. Placez le mélange de champignons sur une bande de lasagne et enroulez-le pour former un cannelloni. Déposez-le dans un plat à gratin huilé. Renouvelez l'opération 11 fois. Recouvrez de béchamel, et ajoutez les 2 fromages râpés. Enfournez à 180 °C (th. 6) pour 30 minutes. Servez décoré d'une tomate et d'une feuille de basilic en brochette.

VARIANTE À la place des feuilles de lasagne, vous pouvez utiliser des tubes séchés tout prêts pour cannellonis, mais le remplissage n'est pas aisé et le résultat est moins onctueux.

ASTUCE Pour la réalisation de la béchamel, il faut que votre roux ait refroidi, ou bien que votre lait soit froid. Sinon, la sauce va grumeler.

4
PERSONNES

Bon marché
COÛT

Facile
À RÉALISER

50 min
PRÉPARATION

2 h 15
CUISSON

1 h
REPOS

Agnolittis veau et ricotta

Ustensiles

1 casserole
1 robot coupe
1 planche à découper
1 couteau
1 économe
1 fourchette
1 laminoir à pâte
1 pinceau

Ingrédients

400 g d'épaule de veau
500 g de coulis de tomates
300 g de tomates pelées en conserve
1 oignon
2 gousses d'ail
1 carotte
200 g de ricotta
300 g de farine
3 œufs
8 cuil. à soupe d'huile d'olive
du gros sel
sel et poivre du moulin

1. Versez un filet d'huile d'olive dans la casserole et colorez les morceaux de veau. Ajoutez ensuite la garniture aromatique, c'est-à-dire l'oignon finement ciselé, l'ail dégermé et haché, la carotte épluchée, coupée en 2 et émincée. Laissez cuire 5 minutes et ajoutez les tomates pelées et le coulis. Mouillez à hauteur si besoin. Assaisonnez avec le gros sel et le poivre et laissez cuire 2 heures.

2. Une fois la viande cuite, égouttez-la et laissez-la refroidir. Réservez la sauce au réfrigérateur. Placez ensuite la viande dans la cuve du robot mixeur, ajoutez la ricotta et mixez. Mettez également au réfrigérateur.

3. Mettez dans la cuve du robot coupe la farine, les œufs, 3 pincées de sel et 3 filets d'huile d'olive. Procédez par impulsion ou par petites séquences jusqu'à ce que la pâte s'amalgame. Rassemblez-la ensuite et coupez-la en 4 morceaux, que vous filmerez et placerez au réfrigérateur pendant au moins 1 heure.

4. Passez les morceaux de pâte au laminoir afin d'obtenir des bandes très fines. Disposez des petites boules de farce sur 2 des abaisses. À l'aide du pinceau, humidifiez la pâte entre la farce. Recouvrez avec les 2 bandes restantes et collez la pâte. Découpez les ravioles au couteau et écrasez les bords à l'aide de la fourchette. Réchauffez la sauce et cuisez les ravioles dans une casserole d'eau bouillante. Égouttez-les et servez.

VARIANTE Vous pouvez servir les agnolittis avec le fromage de votre choix : gruyère, parmesan, gorgonzola…

ASTUCE Vous pouvez faire cuire le veau et préparer la pâte à ravioles la veille. Si vous n'avez pas de laminoir, vous pouvez aplatir la pâte à ravioles au rouleau à pâtisserie.

Ravioles tomates-parmesan

4
PERSONNES

Bon marché
COÛT

Facile
À RÉALISER

25 min
PRÉPARATION

20 min
CUISSON

Ustensiles

1 plat - 1 poêle - 1 casserole
1 passoire - 1 fouet

Ingrédients

250 g de pâte à raviolis
60 g de purée de tomates
2 c. à c. de concentré de tomate
30 g de parmesan râpé
2 amaretti ou macarons à l'ancienne
1 c. à c. de sauce barbecue
6 tomates
1 échalote
2 c. à s. de basilic
1 pointe d'ail - 1 c. à c. de sucre
60 g de beurre
sel - poivre

1. Écrasez les biscuits, ajoutez la purée et le concentré de tomate, le parmesan et la sauce barbecue. Poivrez et mélangez. Garnissez les ravioles.

2. Pelez et épépinez les tomates, coupez-les en petits cubes. Dans une poêle, mettez 20 g de beurre, ajoutez l'échalote hachée, les cubes de tomates, l'ail, le sucre, salez et poivrez. Faites cuire à petit feu pendant 3 minutes.

3. Mettez de l'eau à bouillir, salez. Plongez les ravioles ; égouttez-les dès qu'elles remontent à la surface. Ajoutez le beurre en morceaux en fouettant. Versez les ravioles dans un plat, nappez de sauce. Saupoudrez de basilic haché. Servez immédiatement.

Raviolis de potimarron

4
PERSONNES

Bon marché
COÛT

Très facile
À RÉALISER

20 min
PRÉPARATION

40 min
CUISSON

Ustensiles

1 plat en terre - 1 plat
2 casseroles
1 passoire

Ingrédients

300 g de pâte à raviolis
500 g de potimarron
100 g de beurre
2 amaretti ou 2 c. à s. de chapelure
60 g de parmesan râpé
muscade râpée - sel - poivre

1. Éliminez la peau du potimarron, lavez-le. Découpez-le en cubes de 3 cm et mettez-les dans un plat en terre. Pesez 30 g de beurre, répartissez de petites noisettes sur le plat. Enfournez 30 minutes à 180 °C (th. 6). Écrasez les biscuits amaretti et le potimarron cuit. Ajoutez 25 g de parmesan, de la muscade et du poivre. Mélangez cette farce et garnissez les raviolis.

2. Mettez de l'eau à bouillir, salez. Faites cuire les raviolis ; égouttez-les dès qu'ils remontent à la surface. Faites fondre le beurre restant. Versez les raviolis dans un plat, nappez-les de beurre fondu. Saupoudrez du reste de parmesan et servez immédiatement.

4
PERSONNES

Moyen
COÛT

Facile
À RÉALISER

35 min
PRÉPARATION

25 MIN
CUISSON

Raviolis végétariens, coulis de tomates et parmesan

Ustensiles

1 poêle
2 bols
2 casseroles
1 passoire
1 mixeur
1 plat

Ingrédients

300 g de pâte à raviolis
150 g de courgettes
200 g de coulis de tomates
100 g de parmesan râpé
25 g de pignons de pin
1 c. à s. de persil haché
1 jaune d'œuf
15 g de beurre
15 g de farine
10 cl de lait
2 c. à s. d'huile d'olive
noix muscade
sel - poivre

1. Épluchez les courgettes , coupez-les en dés. Dans la poêle, faites cuire les aubergines dans l'huile, en remuant. Égouttez-les en les pressant, laissez-les refroidir. Mixez grossièrement les pignons.

2. Préparez une sauce Béchamel épaisse : dans une casserole, faites fondre le beurre. Hors du feu, ajoutez la farine, remuez, puis versez le lait et mélangez. Remettez à cuire 2 minutes, sans cesser de remuer, versez dans un bol.

3. Dans la béchamel, ajoutez les courgettes égouttées, les pignons mixés, le jaune d'œuf, le persil et 30 g de parmesan. Salez, poivrez, mettez de la noix muscade râpée. Mélangez et rectifiez l'assaisonnement. Garnissez les raviolis de cette farce.

4. Faites chauffer le coulis de tomates. Vérifiez l'assaisonnement. Mettez une grande casserole d'eau à bouillir, salez-la. Plongez les raviolis et égouttez-les dès qu'ils remontent à la surface. Versez les raviolis dans un plat, nappez-les de coulis de tomates. Servez-les chauds, accompagnés du reste de parmesan.

VARIANTE Préparez vous-même le coulis : dans 200 g de purée de tomates, ajoutez 50 g de concentré de tomate, 1 morceau de sucre, 1 cuillerée à soupe de sauce barbecue. Saupoudrez d'herbes de Provence, du piment d'Espelette puis salez. Faites chauffer et rectifiez l'assaisonnement.

ASTUCE Remplacez la sauce Béchamel par 80 g de ricotta et 2 cuillerées à café de fécule. Poursuivez selon la recette.

4
PERSONNES

Bon marché
COÛT

Facile
À RÉALISER

30 min
PRÉPARATION

40 min
CUISSON

Raviolis à la calabraise, ragoût de porc tradition

Ustensiles

1 bol
1 poêle
1 casserole
1 passoire
1 plat creux

Ingrédients

300 g de pâte à raviolis
3 œufs
5 cl de lait
100 g de parmesan râpé
1 tranche de pain de mie

Pour le ragoût

200 g d'échine de porc
1 oignon
1 gousse d'ail
2 c. à s. d'huile d'olive
250 g de pulpe de tomates
1 c. à c. d'origan
1 branche de thym
1 feuille de laurier
sel - poivre

1. Mettez 2 œufs à durcir 12 minutes dans une casserole d'eau bouillante. Refroidissez-les à l'eau froide et écalez-les. Faites tremper le pain dans le lait puis pressez-le. Hachez les œufs durs et le pain pressé. Dans un bol, mélangez ce hachis avec l'œuf cru, 50 g de parmesan et poivrez.

2. Garnissez les raviolis de cette farce. Conservez les raviolis au réfrigérateur jusqu'au moment de la cuisson. Pelez l'oignon et l'ail. Hachez finement l'oignon. Découpez le porc en petits cubes de 2 à 3 cm de côté.

3. Dans une poêle, versez l'huile, faites dorer les morceaux de porc sur toutes les faces. Ajoutez les oignons, pressez l'ail. Mélangez. Ajoutez la pulpe de tomates, l'origan, le thym et le laurier. Salez, poivrez et poursuivez la cuisson à feu doux pendant 15 minutes environ. La viande doit être moelleuse. Vérifiez l'assaisonnement.

4. Mettez une grande casserole d'eau à chauffer, salez. Plongez les raviolis dans l'eau bouillante ; égouttez-les dès qu'ils remontent à la surface. Secouez les raviolis et versez-les dans un plat creux. Nappez-les avec le ragoût, retirez le thym et le laurier. Servez immédiatement et accompagnez de parmesan râpé.

VARIANTE Lavez 10 brins de persil frais, essuyez-les avec du papier absorbant. Hachez les feuilles. Ajoutez les queues dans la sauce et la moitié du persil haché dans la farce. Au moment de servir, saupoudrez le plat du persil restant.

ASTUCE Pour une cuisson plus rapide du ragoût, coupez la viande en cubes d'1,5 cm de côté.

4
PERSONNES

Élevé
COÛT

Délicat
À RÉALISER

30 min
PRÉPARATION

20 min
CUISSON

Raviolis de lotte, fondue de poireaux

Ustensiles

2 casseroles - 1 poêle
1 mixeur - 1 passoire
4 assiettes - 1 fourchette

Ingrédients

300 g de pâte à raviolis
200 g de filet de lotte
400 g de blancs de poireaux
1 l de fumet de poisson
50 g de beurre
20 cl de crème fraîche
1 c. à c. de fécule de maïs
1 c. à c. d'aromates pour poisson
sel - poivre en grains

1. Versez le fumet de poisson dans une casserole et faites-le chauffer. Enlevez si nécessaire les morceaux de peau sur les filets. Coupez la lotte en tronçons de 2 à 3 cm, faites-les cuire 3 minutes environ, à petits bouillons dans le fumet. La cuisson est terminée lorsque la lotte devient blanche. Égouttez le poisson, réservez le bouillon de cuisson. Taillez les poireaux en lamelles de 2 à 3 mm, lavez-les soigneusement. Dans la poêle, faites revenir doucement les poireaux dans le beurre 3 à 4 minutes environ, ils doivent rester croquants.

2. Écrasez la lotte égouttée avec une fourchette. Délayez la fécule avec 1 cuillerée de fumet. Dans le mixeur, mettez 1 cuillerée à café de poireaux cuits, la lotte, la fécule délayée et les aromates. Salez, poivrez et mixez légèrement. Garnissez les raviolis avec cette farce et conservez-les au réfrigérateur.

3. Versez la crème et quelques cuillerées de fumet sur les poireaux, réchauffez. Salez, poivrez et rectifiez l'assaisonnement. Conservez au chaud.

4. Mettez à chauffer une grande casserole d'eau, salez. Plongez les raviolis dans l'eau bouillante. Dès qu'ils remontent à la surface, ils sont cuits. Égouttez-les. Répartissez la fondue de poireaux sur les assiettes et disposez les raviolis dessus. Servez immédiatement.

VARIANTE Pour un plat plus festif, ajoutez des gambas décortiquées et des filaments de safran au moment de servir.

ASTUCE Très rapide, utilisez des poireaux émincés cuits à la vapeur conservés sous vide. Il suffit d'ajouter la crème et le fumet. Faites chauffer, assaisonnez, la fondue est prête.

4
PIÈCES

Bon marché
COÛT

Très facile
À RÉALISER

20 min
PRÉPARATION

15 min
CUISSON

Ravioles de Royan

Ustensiles

1 bol - 2 casseroles
1 passoire

Ingrédients

250 g de pâte à raviolis
1 l de bouillon de volaille
20 cl de crème fraîche
80 g de fromage blanc
1 bouquet de ciboulette
60 g de comté râpé
2 c. à c. de fécule de maïs
1 c. à s. de persil haché
1 c. à c. de jus de citron
poivre noir en grains - fleur de sel

1. Dans un bol, mettez le fromage blanc égoutté, le comté, la fécule, le persil, poivrez. Mélangez soigneusement. Garnissez les ravioles (voir p. 5).

2. Portez à ébullition le bouillon de volaille. Plongez-y les ravioles ; égouttez-les dès qu'elles remontent à la surface. Portez la crème à ébullition avec le jus de citron.

3. Répartissez les ravioles sur les assiettes, saupoudrez-les de fleur de sel. Nappez de crème chaude. Ciselez la ciboulette au-dessus et poivrez. Servez bien chaud.

Ravioles de fromages de brebis

4
PERSONNES

Bon marché
COÛT

Très facile
À RÉALISER

25 min
PRÉPARATION

15 min
CUISSON

Ustensiles

2 casseroles - 1 poêle - 1 passoire - 1 râpe - 1 bol

Ingrédients

250 g de pâte à raviolis
50 g de brebis frais
30 g de tome de brebis râpée
50 g de ricotta - parmesan
1 c. à s. de confiture de cerises - 1 c. à s. de chapelure
100 g de cerises dénoyautées au sirop
30 g de beurre
1 c. à s. de sucre
20 cl de crème fraîche
1 c. à s. de jus de citron
2 c. à c. de thym séché
sel - poivre noir

1. Mélangez les fromages de brebis, la ricotta, la confiture, la chapelure, 1 cuillerée de thym, salez et poivrez. Garnissez les ravioles.

2. Dans une poêle, faites chauffer le beurre avec les cerises égouttées et le sucre, 3 minutes à feu doux. Versez la crème dans une casserole, ajoutez le thym restant, le jus de citron, salez et poivrez. Portez à ébullition en mélangeant.

3. Mettez de l'eau à bouillir, salez puis plongez les ravioles, égouttez-les dès qu'elles remontent à la surface. Versez-les dans un plat creux, entourez de cerises et nappez de crème. Servez, mettez à disposition le parmesan et sa râpe.

4
PERSONNES

Moyen
COÛT

Facile
À RÉALISER

30 min
PRÉPARATION

20 min
CUISSON

Raviolis de truite saumonée
à la crème d'oseille

Ustensiles

1 bol
2 casseroles
1 fouet
1 passoire
1 plat creux
1 fourchette

Ingrédients

300 g de pâte à raviolis
150 g de filets de truite saumonée
2 jaunes d'œufs
2 c. à c. de fécule de maïs
30 cl de fumet de poisson
50 g d'oseille
le jus d'1 citron jaune
10 cl de crème fraîche
50 g de beurre
25 g de farine
1 c. à c. d'aromates pour poisson
poivre noir en grains - sel

1. Mettez le fumet de piosson à bouillir dans une casserole. Ajoutez les filets de truite, faites-les cuire à petits bouillons pendant 3 minutes. Égouttez-les et réservez le bouillon.

2. Émiettez le poisson, ajoutez la fécule, les jaunes d'œufs, les aromates, salez et poivrez. Versez quelques gouttes de jus de citron, mélangez cette farce en écrasant à la fourchette. Garnissez les raviolis. Conservez-les au réfrigérateur jusqu'au moment de la cuisson.

3. Ciselez l'oseille. Faites fondre le beurre, mettez l'oseille et remuez. Ajoutez la farine, mélangez. Versez le fumet, portez à ébullition sans cesser de remuer. Prolongez la cuisson 2 minutes. Ajoutez 2 cuillerées à café de jus de citron et la crème. Battez au fouet. Poivrez et rectifiez l'assaisonnement. Conservez au chaud.

4. Dans une grande casserole, faites chauffer de l'eau, salez-la. Plongez les raviolis dans l'eau bouillante. Dès qu'ils remontent à la surface, égouttez-les. Versez les raviolis dans un plat et nappez-les de sauce. Servez immédiatement.

VARIANTE Vous pouvez servir ces raviolis avec une sauce citronnée : faites chauffer 20 cl de crème fraîche, ajoutez un filet de jus de citron, salez et poivrez. Rectifiez l'assaisonnement. Nappez les raviolis de cette sauce.

ASTUCE Si vous souhaitez un plat plus raffiné, préparez cette recette avec du saumon sauvage, de bonne qualité. Ajoutez dans la sauce 1 demi-verre du vin blanc qui accompagnera ce plat. Les raviolis et le vin seront en parfaite harmonie.

4
PERSONNES

Moyen
COÛT

Facile
À RÉALISER

25 min
PRÉPARATION

25 min
CUISSON

Raviolis de canard, jus de poivre vert

Ustensiles

1 casserole
1 poêle
1 passoire
1 hachoir
1 fouet
1 plat

Ingrédients

300 g de pâte à raviolis
200 g de filets de canard à poêler
1 c. à s. de chapelure
50 g de ricotta
15 cl de bouillon de volaille
10 cl de vin blanc
1 c. à s. d'armagnac
1 échalote
5 cl de crème épaisse
1 c. à c. de poivre vert écrasé
sel

1. Dans une poêle, faites cuire les filets de canard, salez. Hachez-les. Pelez, hachez et faites revenir l'échalote dans la graisse de cuisson du canard. Réservez la moitié de l'échalote. Versez le vin blanc, l'armagnac, le bouillon et ajoutez le poivre vert. Poursuivez la cuisson 10 minutes.

2. Ajoutez la ricotta, la chapelure, le reste d'échalote et 2 cuillerées de bouillon à la viande. Mélangez. Garnissez les raviolis.

3. Mettez de l'eau à bouillir, salez. Faites cuire les raviolis, égouttez-les dès qu'ils remontent à la surface. Portez le bouillon à ébullition, ajoutez la crème en fouettant.

4. Versez les raviolis dans un plat, nappez-les de sauce. Servez immédiatement.

VARIANTE Remplavez le canard par du filet de porc. Faites-le cuire, si possible, dans de la graisse de canard.

ASTUCE Au moment de servir, vous pouvez saupoudrer les raviolis d'une cuillerée à soupe d'airelles pasteurisées et égoutées.

Raviolis porc-carottes

4
PERSONNES

Moyen
COÛT

Facile
À RÉALISER

25 min
PRÉPARATION

25 min
CUISSON

Ustensiles

1 cocotte - 1 mixeur - 1 casserole - 1 passoire - 4 bols

Ingrédients

300 g de pâte à raviolis
200 g de porc
60 g de mortadelle
60 g de ricotta - 1 oignon
1 c. à s. de chapelure - 30 cl de bouillon de veau
1 c. à s. de cognac - 1 c. à s. de persil haché - 300 g de carottes
100 g de pruneaux - sel - poivre

Épluchez et coupez en rondelles oignon et carottes. Dans la cocotte, faites dorer le porc coupé en petits cubes et l'oignon dans l'huile. Ajoutez le bouillon et les carottes. Salez, poivrez, puis faites cuire 15 minutes à petits bouillons. Retirez la viande. Prolongez la cuisson en ajoutant le cognac et les pruneaux. Mixez la viande avec la mortadelle. Mélangez le hachis avec la ricotta, la chapelure et le persil. Garnissez les raviolis. Mettez de l'eau à bouillir, salez. Faites cuire les raviolis, égouttez-les dès qu'ils remontent à la surface. Répartissez dans les bols les raviolis, les légumes et leur jus. Servez immédiatement.

Raviolis veau-morilles

4
PERSONNES

Moyen
COÛT

Facile
À RÉALISER

3 h
TREMPAGE

25 min
PRÉPARATION

15 min
CUISSON

Ustensiles

1 poêle - 1 casserole
2 bols - 1 passoire
1 hachoir - 1 plat

Ingrédients

300 g de pâte à raviolis
200 g de veau haché
20 g de morilles déshydratées
2 tranches de pain
2 c. à s. de lait - 1 œuf
1 c. à s. de cognac
5 brins de persil frais
1 échalote
1 gousse d'ail
1 c. à s. d'huile
40 g de beurre
20 cl de crème fraîche liquide - sel - poivre noir

Faites tremper les morilles dans l'eau froide 3 heures à l'avance. Enlevez la croûte du pain et mettez la mie à tremper dans le lait. Lavez, essuyez et ciselez le persil. Prélevez ¼ des champignons, pressez la mie de pain et hachez-les ensemble finement. Dans la poêle, faites fondre à feu doux la moitié du beurre et faites cuire l'échalote pelée et hachée, sans la colorer. Ajoutez la viande, remuez 2 minutes et versez dans un bol. Ajoutez la moitié du persil, le cognac, les morilles hachées et l'œuf. Salez, poivrez et malaxez. Garnissez les raviolis de cette farce. Conservez-les au frais jusqu'au moment de la cuisson. Pelez l'ail, hachez-le finement. Égouttez les morilles, coupez-les en morceaux. Dans la poêle, mettez le reste du beurre à fondre, ajoutez les morilles, l'ail haché. Salez, poivrez et faites cuire 3 à 4 minutes. Versez la crème et arrêtez la cuisson au premier bouillon. Plongez les raviolis dans une casserole d'eau bouillante salée. Égouttez-les quand ils remontent à la surface. Versez-les dans un plat chaud, nappez de sauce aux morilles et parsemez du reste du persil.

Mille & une pâtes

4
PERSONNES

Moyen
COÛT

Facile
À RÉALISER

20 min
PRÉPARATION

1 h
CUISSON

Spaghettis à la bolognaise

Ustensiles

2 casseroles
1 poêle
1 éplucheur
1 passoire

Ingrédients

250 g de spaghettis
400 g de bœuf haché
350 g de coulis de tomates
250 g de tomates pelées
70 g de parmesan
6 gousses d'ail
2 oignons
2 petites carottes
1 cuil. à soupe de concentré de tomates
½ botte de basilic
6 cuil. à soupe d'huile d'olive
2 branches de thym
1 feuille de laurier
sel - poivre du moulin

1. Commencez par préparer les légumes pour la réalisation de la sauce bolognaise. Épluchez l'ail, coupez-le en deux, dégermez-le et hachez-le. Épluchez les oignons et ciselez-les. Épluchez les carottes, coupez-les en deux dans la longueur et émincez-les très finement.

2. Chauffez 4 cuillerées à soupe d'huile d'olive dans une poêle et faites revenir les légumes à feu doux. Ajoutez le bœuf haché et faites-le colorer à feu vif. Ajoutez ensuite le concentré de tomates et laissez cuire 5 minutes à feu doux en remuant. Versez la préparation dans une casserole et ajoutez le coulis de tomates, les tomates pelées concassées, le thym et le laurier. Assaisonnez et laissez cuire la sauce à couvert 40 minutes à frémissement.

3. À la fin de la cuisson de la sauce, portez à ébullition une casserole d'eau salée et faites-y cuire les spaghettis le temps nécessaire. Égouttez-les et replacez-les dans la casserole. Ajoutez le restant d'huile d'olive et mélangez.

4. Disposez les spaghettis en nid sur les assiettes. Nappez de sauce et de hachis. Saupoudrez de parmesan râpé ou en copeaux réalisés à l'aide d'un éplucheur et décorez d'une sommité de basilic.

VARIANTE Vous pouvez réaliser la farce avec du porc haché. Le goût est moins prononcé mais très parfumé.

ASTUCE Les carottes permettent de neutraliser l'acidité de la tomate sans ajouter de sucre.

4
PERSONNES

Bon marché
COÛT

Facile
À RÉALISER

10 min
PRÉPARATION

10 h
CUISSON

Capellinis d'aubergines à la romaine

Ustensiles

1 casserole
1 poêle (ou 1 wok)
1 plat de service

Ingrédients

200 g de capellinis
2 aubergines
1 cube de bouillon de légumes
quelques brins de ciboulette
1 noix de beurre
huile d'olive
sel - poivre du moulin

1. Faites chauffer une grande quantité d'eau dans une casserole puis plongez-y le cube de bouillon de légumes. Une fois le cube dissous, faites cuire les capellinis dans le bouillon pendant 5 minutes.

2. Pendant ce temps, découpez les aubergines en cubes puis faites-les sauter à la poêle (ou au wok) avec 2 cuillerées à soupe d'huile d'olive pendant 4 à 5 minutes. Salez, poivrez puis mélangez.

3. Égouttez les capellinis, ajoutez une noix de beurre puis réservez-les dans un plat. Ajoutez les cubes d'aubergines cuits, salez, poivrez selon l'envie puis servez aussitôt bien chaud avec quelques brins de ciboulette ciselées sur le dessus. Servez ce plat avec de l'agneau confit ou du jambon de Paris.

VARIANTE Pour un plat encore plus savoureux, ajoutez des champignons coupés en morceaux ou des courgettes découpées en dés.

ASTUCE Dégorgez les aubergines pendant 20 minutes, dans du sel avant la cuisson : elles absorberont ainsi moins de matière grasse.

Farfalles à la ricotta et aux fèves

4
PERSONNES

Bon marhé
COÛT

Facile
À RÉALISER

10 min
PRÉPARATION

15 min
CUISSON

Ustensiles

2 casseroles
1 passoire
1 saladier

Ingrédients

250 g de farfalles
250 g de ricotta
170 g de fèves surgelées sans peau
1 filet d'huile d'olive
sel - poivre du moulin
4 branches de marjolaine fraîche (ou origan)

1. Commencez par ébouillanter les fèves surgelées dans une casserole d'eau bouillante salée. Attention, la cuisson ne doit pas excéder 1 à 2 minutes (selon la taille des fèves), sinon elles risquent de se réduire en purée.

2. Faites cuire les farfalles dans une autre casserole d'eau salée. Égouttez-les en conservant une partie de l'eau de cuisson.

3. Placez dans un saladier la ricotta et les fèves puis assaisonnez en sel et poivre. Détendez avec 15 cl d'eau de cuisson bouillante. Ajoutez un filet d'huile d'olive et remuez. Replacez la préparation avec les pâtes dans la casserole. Mélangez et servez sur assiette, garni d'une branche de marjolaine ou d'origan frais.

Maccheroncinis à la pancetta

4
PERSONNES

Bon marché
COÛT

Facile
À RÉALISER

10 min
PRÉPARATION

10 min
CUISSON

Ustensiles

1 casserole
1 poêle
1 cuillère
1 passoire

Ingrédients

250 g de maccheroncinis
12 tranches de pancetta au poivre
150 g de crème fraîche épaisse
80 g de grana padano frais
sel - poivre du moulin
½ botte de cerfeuil

1. Faites bouillir une grande quantité d'eau salée dans une casserole. Plongez les maccheroncini pendant 5 minutes environ jusqu'à la cuisson al dente.

2. Pendant ce temps, déposez sur votre planche de travail les tranches de pancetta. Émincez-les en fines lanières. Vous pouvez couper les tranches 3 par 3 pour gagner du temps.

3. Placez la pancetta tranchée dans une poêle et faites-la colorer légèrement. Ajoutez la crème et faites-la fondre. Assaisonnez avec un peu de sel et beaucoup de poivre.

4. Égouttez les maccheroncini et placez-les dans la poêle avec la sauce. Mélangez et servez sur assiette. Garnissez de lanières de pancetta. Saupoudrez de grana padano fraîchement râpé et décorez avec un peu de cerfeuil.

4
PERSONNES

Bon marché
COÛT

Facile
À RÉALISER

45 min
PRÉPARATION

45 min
CUISSON

Gnocchis poêlés
au pecorino romano

Ustensiles

2 casseroles
1 poêle
1 presse-purée
1 râpe à fromage
1 spatule
1 saladier
1 écumoire

Ingrédients

500 g de grosses pommes de terre
170 g de farine
40 g de beurre
1 œuf entier + 1 jaune
70 g de pecorino romano
1 filet d'huile d'olive
sel - poivre du moulin

1. Épluchez les pommes de terre et placez-les dans une casserole d'eau froide salée sans les couper. Portez à ébullition puis laissez cuire au moins 35 minutes. En fin de cuisson, égouttez les pommes de terre et placez-les dans le presse-purée.

2. Passez les pommes de terre au presse-purée et récupérez la pulpe dans un saladier. Ajoutez à chaud le beurre, l'œuf et le jaune d'œuf, assaisonnez. Mélangez à la spatule, puis ajoutez la farine.

3. Farinez abondamment le plan de travail et placez-y un quart de la pâte à gnocchis. Roulez-la sous la paume des mains afin d'obtenir un boudin de 2 cm d'épaisseur. Détaillez au couteau des petits morceaux d'1 cm de long. Roulez-les légèrement sur le plan de travail fariné afin de leur donner une forme ovale. Roulez-les facultativement sur une fourchette pour obtenir les nervures particulières aux gnocchis. Renouvelez l'opération pour la suite de l'appareil.

4. Plongez les gnocchis dans une casserole d'eau bouillante. Lorsqu'ils remontent, sortez-les à l'écumoire et placez-les directement dans une grande poêle très chaude avec un filet d'huile d'olive. Réassaisonnez et faites bien dorer. Servez sur assiette, agrémenté de pecorino romano.

VARIANTE Dans la poêle, ajoutez aux gnocchis du pesto ou de la sauce tomate afin de varier les saveurs.

ASTUCE Pour savoir si les pommes de terre sont cuites, transpercez-les avec la pointe d'un couteau. Si le couteau ressort facilement, vous pouvez les égoutter.

4
PERSONNES

Bon marché
COÛT

Facile
À RÉALISER

25 min
PRÉPARATION

15 min
CUISSON

Farfalles aux légumes

Ustensiles

1 passoire
1 grande casserole
1 poêle

Ingrédients

1 boîte de haricots rouges
½ céleri rave
1 tête de brocoli
1 branche de céleri
400 g de farfalles
1 cuil. à soupe d'huile d'olive
10 cl de vin blanc sec
12 feuilles de sauge ciselées
75 g de fromage râpé (emmental, comté)
sel, poivre

1. Égouttez les haricots rouges. Épluchez le céleri et coupez-le en cubes. Séparez les fleurettes du brocoli, tronçonnez les tiges. Effilez la branche de céleri, puis débitez-la en bâtonnets. Portez une grande casserole d'eau salée à ébullition. Faites-y cuire les cubes de céleri pendant 5 minutes, ajoutez les tiges de brocolis et le céleri branche, poursuivez la cuisson 5 minutes en intégrant les fleurettes 1 minute avant la fin. Égouttez le tout en réservant l'eau de cuisson.

2. Faites chauffer l'huile dans une poêle, ajoutez la sauge, puis les céleris et brocolis, ainsi que les haricots. Mouillez de vin blanc, couvrez et faites mijoter pendant 5 minutes. Faites cuire les pâtes dans l'eau de cuisson des légumes selon le temps indiqué sur l'emballage, égouttez-les puis versez-les dans la poêle. Mélangez, poivrez et servez après avoir saupoudré le fromage râpé.

Penne rigate aux sardines

4
PERSONNES

Bon marché
COÛT

Très facile
À RÉALISER

15 min
PRÉPARATION

10 min
CUISSON

Ustensiles

1 grande casserole
1 petite casserole
1 passoire

Ingrédients

400 g de penne rigate
4 échalotes
1 branche de céleri
1 carotte
1 cuil. à soupe d'huile d'olive
20 cl de vin blanc sec
8 sardines à l'huile d'olive
1 cuil. à soupe de persil ciselé
sel, poivre

Faites cuire les pâtes selon les indications de l'emballage. Pelez et émincez finement les échalotes. Effilez le céleri, détaillez-le en tronçons puis en bâtonnets. Épluchez la carotte et coupez-la aussi en bâtonnets. Dans une petite casserole, faites revenir les échalotes avec l'huile d'olive jusqu'à ce qu'elles deviennent translucides. Ajoutez la carotte et le céleri. Mouillez de vin blanc, salez et laissez cuire sur feu moyen jusqu'à évaporation presque totale du liquide. Égouttez les sardines et récupérez quatre cuillerées de leur huile. Quand les pâtes sont cuites, égouttez-les et mélangez-les dans le plat de service avec l'huile des sardines. Ajoutez les poissons coupés en tronçons puis la réduction d'échalote. Rectifiez l'assaisonnement. Saupoudrez le persil, mélangez et servez aussitôt.

4
PERSONNES

Bon marché
COÛT

Facile
À RÉALISER

20 min
PRÉPARATION

20 min
CUISSON

Spaghettis à la puttanesca

Ustensiles

2 casseroles
1 poêle

Ingrédients

250 g de spaghettis
500 g de tomates roma
100 g d'olives noires dénoyautées
50 g de parmesan
4 petits filets d'anchois à l'huile
1 piment rouge moyennement piquant
¼ de bouquet de basilic
3 cuil. à soupe de câpres
4 gousses d'ail
5 cuil. à soupe d'huile d'olive
sel - poivre du moulin

1. Portez à ébullition une grande quantité d'eau dans une casserole afin de monder les tomates : plongez-les 25 secondes dans l'eau bouillante, puis placez-les dans l'eau glacée. À l'aide d'un petit couteau, pelez les tomates. Coupez-les ensuite en quartiers et éliminez les pépins. Concassez la chair.

2. Hachez finement les olives et les câpres. Rincez les filets d'anchois sous l'eau claire et hachez-les finement. Coupez le piment en deux et éliminez les pépins. Émincez-le finement. Ciselez le basilic. Pour finir, épluchez, dégermez et hachez l'ail.

3. Chauffez l'huile d'olive dans une poêle. Faites cuire l'ail à feu doux, ajoutez les tomates. Laissez compoter pendant 15 minutes, puis ajoutez les anchois, les câpres et les olives noires. Poivrez, mais ne salez pas trop, car les anchois le sont déjà.

4. Pendant ce temps, faites cuire les spaghettis dans une grande casserole d'eau. Égouttez-les et ajoutez-les à la sauce dans la poêle. Servez sur assiette, parsemez de piment, de basilic ciselé et de copeaux de parmesan.

VARIANTE Si vous n'aimez pas les anchois, vous pouvez les remplacer par une boîte de thon à l'huile. La saveur sera moins forte.

ASTUCE Laissez bien revenir l'ail avant d'ajouter les tomates afin que sa saveur soit plus douce.

4
PERSONNES

Bon marché
COÛT

Facile
À RÉALISER

10 min
PRÉPARATION

10 min
INFUSION

20 min
CUISSON

Tagliatelles au safran, petits pois et saumon

Ustensiles

1 sauteuse
3 casseroles
1 passoire
1 couteau d'office
1 fourchette

Ingrédients

250 g de tagliatelles fraîches
200 g de petits pois surgelés
400 g de saumon
1 dose de safran
1 sachet de court-bouillon
20 cl de crème liquide
1 oignon
25 g de beurre
sel - poivre

1. Pelez et émincez l'oignon. Dans une sauteuse, faites-le fondre doucement dans le beurre chaud, sans le laisser brûler.

2. Délayez le court-bouillon dans 1 litre d'eau et portez à ébullition. Plongez-y le saumon. Éteignez le feu, couvrez et laissez pocher pendant 10 minutes. Faites cuire les pâtes pendant 10 minutes dans de l'eau bouillante salée avec les petits pois.

3. Versez la crème liquide dans une petite casserole avec le safran. Portez à ébullition. Laissez infuser hors du feu pendant 10 minutes.

4. Égouttez le saumon, retirez la peau et les arêtes. Émiettez la chair à la fourchette. Égouttez les pâtes et les petits pois. Versez dans la sauteuse avec le saumon. Arrosez de crème au safran. Salez et poivrez. Faites sauter pendant 3 minutes en mélangeant et servez.

VARIANTE Remplacez le saumon poché par du maquereau fumé ou, pour un plat de fête, par des coquilles Saint-Jacques poêlées.

ASTUCE Vérifiez qu'il n'y a aucune arête dans le saumon avant de l'émietter et de l'ajouter aux pâtes.

4
PERSONNES

Bon marché
COÛT

Facile
À RÉALISER

15 min
PRÉPARATION

15 min
CUISSON

Tagliatelles à la carbonara

Ustensiles

1 casserole - 1 poêle
1 couteau éminceur
1 fouet

Ingrédients

250 g de tagliatelles
12 tranches de lard séché fumé paysan
400 g de crème fraîche liquide
4 jaunes d'œufs
110 g de parmesan râpé
quelques copeaux de parmesan
¼ de botte de ciboulette
sel - poivre du moulin

1. Émincez le lard fumé en lardons de 3 mm d'épaisseur. Placez-les dans une poêle sans matière grasse et faites-les revenir 3 à 5 minutes. Ajoutez la crème et laissez réduire 2 minutes.

2. Pendant ce temps, portez une casserole d'eau salée à ébullition. Plongez les tagliatelles. Ajoutez le parmesan râpé dans la crème et mélangez afin d'épaissir celle-ci. Rectifiez l'assaisonnement de la sauce carbonara.

3. Égouttez les tagliatelles, replacez-les dans la casserole et ajoutez un peu de sauce sans lard. Mélangez afin que les pâtes ne collent plus.

4. Servez sur assiette les tagliatelles, réalisez un petit creux au centre et placez un jaune d'œuf par assiette. Versez autour le reste de sauce et décorez avec les lardons et un brin de ciboulette.

Fusillis à l'arrabiata

4
PERSONNES

Bon marché
COÛT

Facile
À RÉALISER

15 min
PRÉPARATION

20 min
CUISSON

Ustensiles

2 casseroles - 1 poêle
1 passoire - 1 saladier
1 râpe à fromage

Ingrédients

250 g de fusillis
700 g de tomates pelées en conserve
80 g de pecorino romano
5 petits piments oiseau rouges
2 gousses d'ail - 1 oignon
4 c. à s. d'huile d'olive
1 branche de basilic
sel - poivre du moulin

1. Épluchez l'ail et l'oignon, hachez-les finement et faites-les revenir dans une poêle avec la moitié de l'huile d'olive chaude et 1 piment oiseau émincé très finement, pendant au moins 5 minutes. Ajoutez les tomates pelées concassées et faites compoter à feu doux 15 minutes. Assaisonnez en sel et poivre.

2. Chauffez une grande quantité d'eau salée dans une casserole et faites cuire les fusillis al dente. Égouttez-les, replacez-les dans la casserole et ajoutez le restant d'huile d'olive. Mélangez afin qu'elles ne collent plus.

3. Servez les pâtes sur assiette. Nappez de sauce arrabiata. Ajoutez des copeaux de pecorino romano et décorez de basilic et d'un piment oiseau entier.

4
PERSONNES

Bon marché
COÛT

Facile
À RÉALISER

35 min
PRÉPARATION

20 min
CUISSON

Farfalles à la vénitienne

Ustensiles

1 casserole assez grande
1 poêle
1 couteau
1 planche à découper
1 saladier
1 égouttoir
4 assiettes creuses

Ingrédients

250 g de farfales
16 coques
16 moules
8 tomates cerise
1 échalote
1 gousse d'ail
1 trait de vin blanc sec
200 g de petites crevettes
60 g de parmesan râpé
350 g de crème fraîche
2 traits d'huile d'olive
4 belles branches de basilic
du gros sel
sel - poivre du moulin

1. Commencez par bien nettoyer la coquille des mollusques sous l'eau froide pour éliminer toute trace de sable. Mettez ensuite les coquillages dans un saladier et immergez-les dans de l'eau froide pendant 20 minutes. Ajoutez immédiatement un peu de gros sel pour que les coquillages s'ouvrent et libèrent le sable qu'ils contiennent. Ensuite, égouttez-les.

2. Épluchez l'ail et l'échalote et hachez-les finement. Versez un trait d'huile d'olive dans la poêle et laissez cuire l'ail et l'échalote à feu doux. Ajoutez un trait de vin blanc sec et mettez les coquillages. Couvrez à l'aide d'un couvercle et laissez cuire pendant 5 minutes. A la fin de la cuisson, toutes les coquilles doivent être ouvertes.

3. Pendant ce temps, mettez dans la casserole une bonne quantité d'eau, salez au gros sel et faites chauffer. Portez à ébullition et laissez cuire les farfales le temps indiqué sur l'emballage. À la fin du temps de cuisson, égouttez les farfales et remettez-les dans la casserole, ajoutez un trait d'huile d'olive. Mélangez pour éviter qu'elles ne collent.

4. Une fois les coquillages ouverts, ajoutez les crevettes et la crème fraîche, puis le parmesan râpé. Assaisonnez en poivre et salez modérément : le parmesan apporte déjà du sel. Placez les pâtes en dôme dans les assiettes. Nappez de sauce et disposez les coquillages et les crevettes harmonieusement. Ajoutez 4 demi-tomates par assiette et décorez avec une branche de basilic.

VARIANTE Si vous n'appréciez pas les fruits de mer, vous pouvez réaliser cette recette avec de la pancetta émincée.

ASTUCE Rectifiez la sauce avec de la crème et du parmesan. Si vous la souhaitez plus liquide, ajoutez un peu de crème. Si vous souhaitez l'épaissir, ajoutez du parmesan râpé.

4
PERSONNES

Moyen
COÛT

Facile
À RÉALISER

15 min
PRÉPARATION

30 min
CUISSON

Penne à la saucisse et à la fondue de légumes

Ustensiles

1 plat creux chaud
1 grand faitout
1 poêle

Ingrédients

400 g de penne
200 g de chair à saucisse
40 g de gruyère râpé
1 petite courgette
3 tomates
1 oignon
2 gousses d'ail
10 cl de vin blanc sec
2 brins de sauge
2 c. à s. d'huile
½ c. à c. de graines de cumin
sel, poivre du moulin

1. Pelez et coupez la courgette en petits cubes. Pelez, épépinez et concassez la chair de tomates.

2. Pelez, dégermez et coupez les gousses d'ail en lamelles. Dans une poêle, faites-les blondir dans l'huile et retirez-les.

3. Ajoutez l'oignon haché, remuez 5 minutes. Ajoutez la chair de saucisse émiettée. Laissez-la dorer en remuant. Arrosez du vin blanc, laissez-le s'évaporer. Ajoutez les dés de tomates et de courgettes, les feuilles de sauge, les graines de cumin. Mélangez bien. Salez peu et poivrez. Laissez mijoter à découvert, 15 minutes.

4. Faites cuire les penne dans de l'eau bouillante salée, 2 minutes de moins que le temps indiqué sur l'emballage. Égouttez-les. Versez-les dans la sauce avec les lamelles d'ail. Mélangez sur feu doux, 2 minutes. Servez aussitôt avec le gruyère râpé.

VARIANTE Si la saveur du cumin ne vous plaît pas, remplacez-le par des graines de courges.

ASTUCE Graines aromatiques d'une plante ombellifère, les graines de cumin ont des propriétés digestives. Pour exalter leurs saveurs, on les fait griller à sec en les remuant sur feu doux dans une poêle environ 30 secondes.

Tagliatelles au basilic, chèvre sec et tomates cerise

4
PERSONNES

Bon marché
COÛT

Facile
À RÉALISER

30 min
PRÉPARATION

5 min
CUISSON

Ustensiles

1 saladier - 1 laminoir à pâtes
1 poêle - 1 casserole
1 passoire

Ingrédients

300 g de farine classique type 55
3 œufs - 2,5 cl d'huile d'olive
6 g de sel - de la farine pour abaisser la pâte
quelques feuilles de basilic
1 fromage de chèvre très sec
12 tomates cerise
sel - poivre

1. Commencez par réaliser la pâte à nouilles fraîches comme indiqué dans le préambule, mais conservez les bandes de pâte étalée sans les couper. Lorsque la pâte est abaissée, disposez quelques feuilles de basilic sur une bande de pâte. Masquez avec une seconde abaisse et repassez au laminoir au réglage le plus fin. Découpez ensuite les tagliatelles avec le laminoir.

2. Plongez-les 5 minutes maximum dans une casserole d'eau bouillante salée. Pendant ce temps, faites revenir pendant quelques secondes les tomates cerise coupées en deux avec un peu d'huile d'olive dans une poêle et assaisonnez. Égouttez les pâtes et versez dans la casserole un filet d'huile d'olive. Servez sur assiette. Décorez avec les tomates juste sautées et quelques copeaux de chèvre réalisés au couteau.

Tagliatelles à l'olive noire

4
PERSONNES

Moyen
COÛT

Facile
À RÉALISER

20 min
PRÉPARATION

5 min
CUISSON

Ustensiles

1 saladier - 1 laminoir à pâtes
1 poêle - 1 casserole
1 passoire

Ingrédients

300 g de farine classique type 55 - 3 œufs
2,5 cl d'huile d'olive
6 g de sel - de la farine pour abaisser la pâte
500 g d'olives AOP de Nyons
3,5 cl d'huile d'olive AOP de Nyons
70 g de parmesan
¼ de botte de basilic
sel - poivre

1. Commencez par dénoyauter les olives noires et hachez-les au couteau. Réalisez la pâte à nouilles fraîches comme indiqué dans le préambule, en ajoutant une poignée d'olives hachées dans la farine. Lorsque la pâte est abaissée, découpez-la en tagliatelles avec le laminoir.

2. Plongez les tagliatelles dans une casserole d'eau bouillante salée pendant 3 à 5 minutes selon l'épaisseur. Pendant ce temps, faites revenir dans une poêle le reste des olives hachées avec l'huile d'olive dans la poêle. Égouttez les pâtes et passez-les afin qu'elles s'imprègnent de la garniture. Servez sur assiette. Décorez avec une sommité de basilic et quelques copeaux de parmesan.

4
PERSONNES

Moyen
COÛT

Facile
À RÉALISER

20 min
PRÉPARATION

25 min
CUISSON

Papillote de macaronis, rouget & légumes croquants

Ustensiles

1 rouleau de carta fata (papier à papillote)

4 pinces bambou ou de la ficelle

2 casseroles

1 passoire

Ingrédients

160 g de macaronis

300 g de filet de rouget

300 g de carottes

200 g de haricots verts

4 noix de beurre

sel - poivre du moulin

1. Portez à ébullition une grande quantité d'eau salée dans une casserole et faites-y cuire les macaronis. Lorsqu'ils sont cuits, égouttez-les et rafraîchissez-les dans la casserole avec de l'eau froide.

2. Pendant ce temps, épluchez les carottes. Taillez-les en fines tranches et en biais. Blanchissez-les 5 minutes dans une casserole d'eau bouillante salée. Procédez de même avec les haricots, puis rafraîchissez-les.

3. Placez quatre carrés de 40 x 40 cm de papier à papillote sur le plan de travail. Déposez un nid de macaronis au centre de chaque carré, mettez par-dessus du rouget, assaisonnez et terminez avec les carottes, les haricots et une noix de beurre.

4. Repliez les bords du papier en forme d'aumônière et fermez avec une pince bambou (ou de la ficelle) afin de maintenir le papier. Faites cuire au four à 210 °C (th. 7) pendant 12 minutes. Servez les papillotes sur assiette.

VARIANTE Cette recette peut être réalisée avec des saint-jacques, et de la crème fraîche additionnée de safran.

ASTUCE Le papier carta fata est un papier à papillote transparent qui supporte des températures de cuisson élevées et permet une présentation originale.

4
PERSONNES

Moyen
COÛT

Facile
À RÉALISER

30 min
PRÉPARATION

25 min
CUISSON

Fusillis en marinière de moules au muscadet

Ustensiles

2 casseroles
1 écumoire
1 passette
1 passoire

Ingrédients

220 g de fusillis
2 l de moules
25 cl de muscadet
15 cl de crème fraîche liquide
1 oignon
2 échalotes
6 gousses d'ail
3 cuil. à soupe d'huile d'olive
½ botte de persil
½ botte de ciboulette
sel - poivre du moulin

1. Laissez tremper quelques minutes les moules dans un évier rempli d'eau froide et éliminez la barbe à l'aide du couteau. Lorsque les moules sont propres, versez l'huile d'olive dans une casserole et faites revenir l'oignon, les échalotes et l'ail finement hachés.

2. Ajoutez les moules lavées et égouttées. Mouillez avec le vin blanc, posez un couvercle. Laissez cuire 5 à 6 minutes en remuant régulièrement. Sortez les moules à l'écumoire. Réservez-en 16 avec leur coquille et décoquillez les autres.

3. Passez la sauce à la passette et conservez-en un demi-litre. Replacez-la sur le feu. Ajoutez la crème et les herbes fraîchement ciselées. Laissez réduire à feu vif 8 minutes et rectifiez l'assaisonnement. Remettez les moules dans la sauce pour les réchauffer avant le service.

4. Chauffez une grande quantité d'eau salée dans une casserole et faites cuire les fusillis. Égouttez-les et dressez-les dans des assiettes creuses. Nappez de sauce au muscadet et de moules. Décorez avec les moules en coquilles réchauffées et une branche de ciboulette.

VARIANTE L'utilisation de coques donne également un excellent résultat dans cette recette.

ASTUCE Afin de gagner du temps, achetez des moules vendues sous vide. Elles sont déjà grattées et nettoyées.

4
PERSONNES

Bon marché
COÛT

Facile
À RÉALISER

10 min
PRÉPARATION

20 min
CUISSON

Spaghettis aux légumes et au bleu

Ustensiles

1 poêle
1 casserole
1 passoire
1 bol
1 fourchette

Ingrédients

400 g de spaghettis
1 sachet de julienne de légumes surgelée
100 g de bleu
1 oignon
1 gousse d'ail
2 cuil. à soupe de crème fraîche
1 cuil. à soupe d'huile d'olive
sel - poivre

1. Pelez et émincez l'oignon. Pelez et hachez l'ail. Faites chauffer l'huile dans une poêle. Faites-y fondre l'oignon, sans le laisser colorer. Quand il devient translucide, ajoutez la julienne de légumes encore congelée.

2. Assaisonnez d'ail, de sel, et de poivre. Laissez cuire pendant 10 minutes à feu moyen.

3. Faites cuire les spaghettis 8 à 10 minutes dans de l'eau bouillante salée. Retirez la croûte du fromage et coupez-le en gros dés.

4. Égouttez les pâtes. Remettez-les dans la casserole, ajoutez les légumes sautés, la crème et le fromage. Salez, poivrez. Mélangez et laissez cuire pendant 3 minutes à feu doux avant de servir.

VARIANTE Remplacez la julienne de légumes par 2 courgettes et 2 carottes râpées, le bleu par un mélange de mascarpone, fourme d'Ambert et gruyère. Ajoutez des cerneaux de noix.

ASTUCE Quand vous égouttez les pâtes, conservez 2 cuillerées à soupe d'eau de cuisson et versez-les dans la sauce. Ainsi, elle sera plus onctueuse.

4
PERSONNES

Bon marché
COÛT

Facile
À RÉALISER

30 min
PRÉPARATION

8 min
CUISSON

Knepfle alsaciennes en persillade

Ustensiles

1 saladier
1 fouet
1 écumoire
1 casserole
1 poêle

Ingrédients

400 g de farine
4 œufs
16 cl d'eau gazeuse
8 gousses d'ail
60 g de beurre
½ botte de persil
sel - poivre du moulin

1. Placez dans un saladier la farine et quelques pincées de sel. Ajoutez les œufs battus, commencez à travailler la pâte et réunissez les ingrédients. Ajoutez l'eau gazeuse au fur et à mesure et fouettez bien afin de limiter l'apparition de grumeaux. La pâte doit devenir souple et lisse. Faites un test avec une cuillère : elle doit tomber en gros filet et ne pas couler comme un liquide.

2. Chauffez une grande quantité d'eau salée dans une casserole et maintenez à frémissement. Placez un peu de pâte sur une planche et étalez-la sur 4 mm d'épaisseur.

3. À l'aide d'un couteau, détachez une bande de pâte de 6 x 0,5 cm et faites-la glisser dans la casserole. Renouvelez l'opération et faites cuire 3 minutes. Égouttez au fur et à mesure avec l'écumoire.

4. Faites fondre le beurre dans une poêle et ajoutez l'ail et le persil hachés. Faites revenir légèrement afin de cuire l'ail et ajoutez les knepfle. Faites revenir 5 minutes, assaisonnez et servez sur assiette. Décorez d'une pluche de persil.

VARIANTE Vous pouvez également réaliser les knepfle en plaçant la pâte dans un entonnoir et en la laissant couler au fur et à mesure dans l'eau bouillante.

ASTUCE Cette recette est idéale pour accompagner les gibiers ou de la viande en sauce.

4
PERSONNES

Moyen
COÛT

Facile
À RÉALISER

15 min
PRÉPARATION

20 min
CUISSON

Penne au thon, aux anchois et aux tomates

Ustensiles

1 casserole
papier absorbant
1 sauteuse
1 grande casserole

Ingrédients

400 g de penne
2 anchois au sel
1 gousse d'ail
400 g de tomates bien mûres
200 g de thon au naturel égoutté
2 c. à s. de basilic ciselé
sel - poivre

1. Portez une casserole d'eau à ébullition. Ébouillantez-y les tomates pendant 1 minute. Égouttez-les, pelez-les, ouvrez-les, épépinez-les et concassez-les. Déposez-les dans une assiette creuse sur une triple épaisseur de papier absorbant.

2. Passez les filets d'anchois sous le robinet d'eau tiède et frottez-les bien entre vos doigts pour retirer l'excès de sel. Profitez-en pour enlever les arêtes. Essuyez-les et coupez-les en dés. Pelez la gousse d'ail.

3. Versez l'huile dans une sauteuse posée sur feu moyen et faites dorer la gousse d'ail entière pendant 3 minutes. Ajoutez les anchois. Faites-les fondre doucement pendant 5 minutes, puis versez les tomates et le thon émietté. Laissez mijoter la sauce pendant 10 minutes.

4. Portez une casserole d'eau salée à ébullition et faites-y cuire les pâtes pendant une dizaine de minutes. Elles doivent être al dente. Égouttez-les et mettez-les dans la sauteuse. Ajoutez le basilic, rectifiez l'assaisonnement et mélangez bien. Servez sans attendre.

VARIANTE Si vous n'appréciez pas les anchois, n'en utilisez pas, mais doublez la quantité de thon.

ASTUCE Les Italiens considèrent que pour réussir la cuisson des pâtes, il faut compter 1 litre d'eau pour 100 g de pâtes. Sans suivre à la lettre cette prescription, utilisez quand même une grande casserole.

4
PERSONNES

Bon marché
COÛT

Facile
À RÉALISER

35 min
PRÉPARATION

15 min
CUISSON

Pad thaï

Ustensiles

1 casserole
1 rouleau
1 wok
1 mortier
1 planche
1 couteau

Ingrédients

400 g de nouilles de riz
1 douzaine de crevettes décortiquées
2 oignons nouveaux
1 botte de ciboulette
4 œufs
50 g de germes de soja (haricots mungo)
2 c. à s. de cacahuètes nature grillées
4 c. à s. d'huile végétale

Pour la sauce

4 c. à s. de nuoc-mâm
2 c. à s. de pâte de tamarin
2 c. à s. de sucre de palme
le jus de 2 citrons verts
2 gousses d'ail
1 petit piment rouge

1. Commencez par faire cuire les nouilles selon les indications du fabricant. Cassez les œufs et battez-les. Faites-les cuire en omelette avec un peu d'huile dans le wok. Retirez-la du wok et coupez-la en petits morceaux. Concassez grossièrement les cacahuètes au rouleau à pâtisserie.

2. Épluchez et hachez les oignons nouveaux. Hachez la ciboulette, retirez le pédoncule et égrenez le piment. Épluchez l'ail. Dans un mortier, écrasez l'ail avec le piment. Ajoutez ensuite le jus des citrons verts, le nuoc-mâm, la pâte de tamarin et le sucre de palme.

3. Dans le wok, faites cuire les crevettes dans le reste d'huile chaude. Ajoutez ensuite les nouilles, les morceaux d'omelette et mélangez bien. Versez la sauce et enrobez-en bien les nouilles afin qu'elles s'en imbibent.

4. Terminez votre pad thaï en incorporant la ciboulette, les germes de soja, les oignons nouveaux et les cacahuètes. Servez aussitôt.

VARIANTE Vous pouvez ajouter, en remplacement des crevettes : du tofu, du poulet, des cubes de poisson, ou encore des lardons…

ASTUCE Faites cuire les nouilles un temps légèrement inférieur à celui préconisé afin qu'elles finissent de cuire dans le wok avec la sauce chaude et les crevettes.

4
PERSONNES

Moyen
COÛT

Facile
À RÉALISER

20 min
PRÉPARATION

10 min
CUISSON

Bo bun

Ustensiles

1 économe
1 couteau
1 poêle
6 bols
1 casserole
1 planche

Ingrédients

200 g de rumsteck
¼ de concombre
1 sachet de nouilles de riz
½ sachet de batavia
1 oignon
½ bouquet de menthe
½ bouquet de coriandre
4 c. à s. de vinaigre de riz
2 c. à s. de sauce soja
1 c. à s. de nuoc-mâm
1 c. à s. d'huile de sésame
50 g de cacahuètes
2 c. à s. d'huile

1. Pelez et émincez le concombre. Mettez-le à mariner dans un bol avec le vinaigre de riz. Coupez la viande en lanières. Mettez-la à mariner dans la sauce soja, le nuoc-mâm et l'huile de sésame pendant 20 minutes au réfrigérateur.

2. Ciselez la menthe et la coriandre. Mélangez les herbes avec la batavia et répartissez-les dans le fond de 4 bols. Trempez les nouilles de riz dans de l'eau bouillante et laissez-les se réhydrater quelques minutes.

3. Pelez et émincez l'oignon. Faites sauter les lanières de bœuf et l'oignon dans une poêle avec l'huile.

4. Égouttez les nouilles et versez-les dans les 4 bols. Ajoutez la viande sautée et le concombre. Concassez les cacahuètes. Parsemez-les au-dessus des bols et servez.

VARIANTE Ajoutez des nems coupés en morceaux sur le dessus de la préparation.

ASTUCE Une super recette pour utiliser un reste de viande froide. En général servi chaud, le bo bun peut aussi être dégusté froid, assaisonné de sauce pour nems.

各式名菜
正宗料理
福

4
PERSONNES

Bon marché
COÛT

Facile
À RÉALISER

20 min
PRÉPARATION

15 min
CUISSON

Ramen au poulet

Ustensiles

2 casseroles
1 poêle
1 planche
1 couteau d'office
4 bols

Ingrédients

2 escalopes de poulet
100 g de carottes râpées natures
1 sachet de nouilles chinoises
2 cubes de bouillon de volaille
4 cuil. à soupe de coriandre surgelée
1 cuil. à café de gingembre râpé
10 cl de sauce soja

1. Délayez les cubes de bouillons dans 2 l d'eau bouillante. Assaisonnez de sauce soja, de gingembre et de coriandre.

2. Coupez le poulet en lanières et jetez-les dans le bouillon. Ajoutez les carottes et laissez pocher à petits frémissements pendant 10 minutes.

3. Préparez une deuxième casserole d'eau bouillante. Jetez-y les nouilles. Hors du feu, laissez-les se réhydrater 5 minutes à couvert.

4. Égouttez les nouilles et versez-les dans le bouillon au poulet. Servez bien chaud dans 4 bols de service.

VARIANTE Remplacez le poulet par de grosses crevettes cuites décortiquées ou, comme dans les restaurants japonais, par des lamelles de porc cuit.

ASTUCE Utilisez ce bouillon parfumé pour y cuire des légumes frais : navet, chou, etc.

4
PERSONNES

Bon marché
COÛT

Facile
À RÉALISER

15 min
PRÉPARATION

10 min
CUISSON

Nouilles soba aux épinards

Ustensiles

1 wok
1 presse-agrumes
1 bol
1 casserole

Ingrédients

200 g de nouilles soba complètes
3 cuil. à soupe d'huile végétale
2 gousses d'ail
3 cm de gingembre frais
400 g de pousses d'épinards
1 botte de coriandre
1 piment vert
1 cuil. à soupe de graines de sésame
1 citron vert
2 cuil. à soupe de sauce nuoc-mâm
sel - poivre

1. Pressez le citron. Retirez le pédoncule du piment, coupez-le en deux dans le sens de la longueur. Retirez les graines et hachez la chair.

2. Épluchez et hachez l'ail et le gingembre. Nettoyez et essorez les pousses d'épinards. Dans votre wok, faites dorer sans matières grasses les graines de sésame. Dès qu'elles commencent à dorer, retirez-les immédiatement, et mettez-les dans un bol. Ajoutez le jus de citron vert et la sauce nuoc-mâm.

3. Faites cuire selon les indications du fabricant les nouilles dans un grand volume d'eau salée. Égouttez et gardez au chaud.

4. Faites chauffer l'huile dans votre wok. Versez l'ail, le gingembre et le piment. Laissez cuire 2 minutes en remuant fréquemment et ajoutez les épinards. Poursuivez la cuisson pendant 2 à 3 minutes (les épinards doivent juste se ramollir et légèrement fondre) et ajoutez les nouilles. Mélangez afin de bien les réchauffer. Coupez le feu, ajoutez la sauce et la coriandre effeuillée avant de servir.

VARIANTE Vous pouvez ajouter dans cette recette des lardons, des crevettes, des morceaux de saumon, des moules…

ASTUCE Les épinards doivent légèrement flétrir afin de rester un peu croquants. Il ne faut surtout pas trop les cuire.

4
PERSONNES

Bon marché
COÛT

Facile
À RÉALISER

15 min
PRÉPARATION

15 min
CUISSON

Nouilles sautées au poulet

Ustensiles

1 casserole

1 poêle ou 1 wok

Ingrédients

2 filets de poulet

100 g de nouilles chinoises au blé

100 g de haricots verts frais

12 tomates cerise

2 poignées de pousses d'épinards

1 botte de coriandre

1 botte de ciboulette

2 cuil. à café de sauce soja

2 cuil. à café de sauce nuoc-mâm

2 tablettes de bouillon de volaille

1 pincée de piment d'Espelette

3 cuil. à soupe d'huile d'olive

sel - poivre

1. Équeutez les haricots et faites-les cuire dans une casserole d'eau bouillante salée 5 minutes après la reprise de l'ébullition. Égouttez-les.

2. Faites cuire les nouilles chinoises selon les indications du fabricant dans une casserole d'eau bouillante agrémentée de 2 tablettes de bouillon de volaille (gardez 2 à 3 cuillerées à soupe de l'eau de cuisson).

3. Coupez le poulet en bandes épaisses et la ciboulette en tronçons. Effeuillez la coriandre. Nettoyez et essorez les pousses d'épinards. Nettoyez les tomates cerise et coupez-les en 2.

4. Dans une grande poêle ou un wok, faites revenir le poulet avec l'huile afin de bien le faire dorer. Ajoutez les haricots, les nouilles, la ciboulette et mélangez bien. Laissez cuire 2 à 3 minutes avant de verser le nuoc-mâm, la sauce soja, le piment, l'eau de cuisson des pâtes et du poivre. Mélangez à nouveau et terminez par les pousses d'épinards, la coriandre et les tomates cerise. Servez aussitôt.

VARIANTE Il y a autant de variantes que de légumes. Vous pouvez utiliser des courgettes, des pousses de soja, du chou chinois, des champignons, des poireaux…

Index **des recettes**

Index **des ingrédients**

Photographies de couverture : Plat 1 de haut en bas – Philippe Vaurès Santamaria et Caroline Wietzel, Betül Balkan et Judith Clavel ; **Plat 4 de haut en bas –** Betül Balkan et Judith Clavel, Guillaume Czerw et Virginie Michelin, Guillaume Czerw et Julie Schwob, Philippe Vaurès Santamaria et Caroline Wietzel.

Photographies des pas à pas : Betül Balkan
Textes et stylisme des pas à pas : Judith Clavel

Judith Clavel remercie **Duralex, Magimix, Mauviel** et **Marcelise** pour le prêt des ustensiles.

Les 80 recettes de cet ouvrage ont déjà été publiées dans des ouvrages de la collection « Toquades », © Éditions First :
C'est gratiné (2010), *Cuisine 1, 2, 3...soleil !* (2011), *Cuisine thaï* (2012), *Gratins !* (2006), *Histoire d'œufs* (2011), *La Cuisine de mon placard* (2012), *Mange ta soupe !* (2010), *Mes lasagnes* (2011), *Mille et une pâtes* (2010), *Pâtes !* (2006), *P'tits Plats d'Italie* (2012), *Que faire avec... l'aubergine* (2011), *Que faire avec... le poulet* (2011), *Que faire avec... le saumon* (2011), *Ravioles et raviolis* (2011), *Recettes d'été pour ma famille* (2011), *Recettes éco* (2007), *Recettes petit budget pour ma famille* (2011), *Un étudiant ça mange énormément* (2011), *Wok attitude* (2010).

Photographies de Guillaume Czerw, stylisme d'Emmanuel Renault : 95, 131.
Photographies de Guillaume Czerw, stylisme de Julie Schwob : 29, 31, 39, 47, 49, 53, 55, 77, 79, 89, 97, 99, 101, 103, 105, 107, 109, 111, 117, 145, 147, 155.
Photographies de Guillaume Czerw, stylisme de Virginie Michelin : 61, 63, 65, 67, 69, 71, 73, 75.
Photographies de Denys Clément, stylisme d'Isabelle Dreyfus-Clément : 41, 153.
Photographies de Jean Bono, stylisme de Sophie Dwernicki : 86, 123.
Photographies de Philippe Vaurès Santamaria, stylisme Caroline Wietzel : 33, 35, 37, 43, 45, 51, 59, 93, 115, 119, 121, 125, 129, 133, 135, 137, 139, 143.
Photographies de Pierre-Louis Viel, stylisme de Valérie Drouet : 83, 85.
Photographies de Régis Baudonnet, stylisme d'Émilie Laraison : 91.
Photographies d'Amélie Roche, stylisme de Manuella Chantepie : 23, 127, 141, 149, 151.
Photographie de Stéphane Ruchaud, stylisme de Natacha Nikouline : 25, 81.
Textes – Christian Cino : 32, 34, 36, 44, 50, 58, 92, 94, 114, 118, 120, 124, 128, 130, 134, 136, 138, 142 ; **Frédéric Berqué :** 26, 42, 78, 88 ; **Héloïse Martel :** 24, 80 ; **Julie Schwob :** 30 ; **Marie-Claire Frédérique :** 86, 122 ; **Maya Barakat-Nuq :** 22 ; **Monique Tissot :** 46, 48, 52, 54, 96, 98, 100, 102, 104, 106, 108, 110 ; **Myriam Darmoni :** 126, 140, 148, 150 ; **Nicole Renaud :** 90, 132 ; **Thierry Roussillon :** 76, 144 ; **Thomas Feller :** 28, 38, 40, 146, 152, 154 ; **Valérie Drouet :** 82, 84 ; **Valérie Duclos :** 60, 62, 64, 66, 68, 70, 72, 74, 116.

ISBN : 978-2-7540-6702-7
Dépôt légal : septembre 2014
Imprimé en Espagne

Direction éditoriale : Aurélie Starckmann
Édition : Maëlle Sigonneau
Maquette : Istria
Conception graphique : www.atelier-du-livre.fr

Éditions First, un département d'Edi8
12, avenue d'Italie
75013 Paris – France
E-mail : firstinfo@efirst.com
Site internet : www.editionsfirst.fr